黑龙江大学俄语学院　编
总主编　邓军　郝斌　赵为

普通高等教育"十一五"国家级规划教材

Русский язык

俄语 ⑦

（全新版）

主编　郑永旺　Г. П. Корчевская

北京大学出版社
PEKING UNIVERSITY PRESS

图书在版编目(CIP)数据

俄语(7)(全新版)/ 郑永旺主编. —北京：北京大学出版社，2011.1
(21世纪大学俄语系列教材)
ISBN 978-7-301-17734-1

Ⅰ.俄… Ⅱ.郑… Ⅲ.俄语—高等学校—教材 Ⅳ.H35

中国版本图书馆 CIP 数据核字(2010)第 172123 号

书　　　名：	俄语(7)(全新版)
著作责任者：	郑永旺　主编
责 任 编 辑：	李　哲　张　冰
标 准 书 号：	ISBN 978-7-301-17734-1/H·2633
出 版 发 行：	北京大学出版社
地　　　址：	北京市海淀区成府路 205 号　100871
网　　　址：	http://www.pup.cn
电　　　话：	邮购部 62752015　发行部 62750672　编辑部 62759634　出版部 62754962
电 子 邮 箱：	zbing@pup.pku.edu.cn
印 　刷 　者：	北京大学印刷厂
经 　销 　者：	新华书店

787 毫米×1092 毫米　16 开本　6.5 印张　150 千字
2011 年 1 月第 1 版　2011 年 1 月第 1 次印刷

定　　价：20.00 元

未经许可，不得以任何方式复制或抄袭本书之部分或全部内容。
版权所有，侵权必究　　举报电话：010-62752024
　　　　　　　　　　　电子邮箱：fd@pup.pku.edu.cn

21世纪大学俄语系列教材

顾问　白春仁　李明滨　张会森

编委会（以汉语拼音为序）
丛亚平　山东大学
刘利民　首都师范大学
苗幽燕　吉林大学
史铁强　北京外国语大学
孙玉华　大连外国语学院
王加兴　南京大学
王铭玉　黑龙江大学
王松亭　解放军外国语学院
王仰正　浙江大学
夏忠宪　北京师范大学
杨　杰　厦门大学
张　冰　北京大学出版社
张　杰　南京师范大学
查晓燕　北京大学
赵　红　西安外国语大学
赵爱国　苏州大学
赵秋野　哈尔滨师范大学
郑体武　上海外国语大学

总 序

黑龙江大学俄语学院有六十余年的俄语教学历史，在长期的俄语教学实践中形成了一整套独具特色的教学方法，并在此基础上编写出了俄语专业系列教材，被国内多所院校俄语专业采用。其中《俄语》曾在全国专业俄语和非专业俄语范围内广泛使用，通过这套教材培养出了数以万计的俄语高级人才。

黑龙江大学俄语教材的编写原则历来是从我国俄语的教学实情出发，兼顾不同起点学生的俄语学习需求。在总结多年教学经验的基础上，本套《俄语》(全新版)依旧采用低起点教学原则，从语音导论开始，到最后篇章修研结束。其编写主线仍以语法为纲，酌情引入不同专题内容。低年级阶段以教学语法为基础，高年级阶段以功能语法为纲，以适合众多俄语专业基础阶段和提高阶段的学生使用。

本教材参考目前俄罗斯新教材的编写原则，紧密联系中国国情，结合黑龙江大学多年来的俄语教学实际，注重日常生活交际，突出实用性，保障常用词汇数量，保障典型句式数量。教材内容更贴近生活、更贴近现实，使学生可以通过本套教材的学习，了解俄罗斯人的生活习俗、行为方式、思想方法以及人际交流模式。

教材在编写原则上力求反映出21世纪俄罗斯风貌、当今时代俄语最新变化。本教材在充分领会新教学大纲的基础上，以最新的外语教学理论为指导，在编写理念、选取素材、结构设计等方面都力求体现和满足俄语专业最新的教学要求，集多种教学模式和教学手段为一体，顺应社会和时代的发展潮流，突出素质教育思想，注重教授语言知识与培养言语技能的有机结合。

本教材共分为8册，包括学生用书、教师用书、配套光盘、电子课件等相关配套出版物。其中1—4册为基础阶段用书，5—8册为提高阶段用书。对于非俄语专业学生来说，1—4册的内容足以为其以后阅读专业教材打下良好的基础。5—6册中适量选用了不同专业方向的素材，以有助于不同专业的学生以后的专业资料阅读和把握。而对于以俄语为专业的学生来说，我们认为，除熟练地掌握前6册内容之外，熟悉7—8册的内容对他们未来顺利的工作将不无裨益。

本套《俄语》(全新版)被教育部批准为普通高等教育"十一五"国家级规划教材。编者在编写过程中得到中俄高校专家教师的大力支持和关注。任课院校教师的反馈意见和建议，使我们的编写工作更有针对性，更能反映教学的需求，我们对此深表谢忱！

邓军　郝斌　赵为
2008年4月

前言

本书是教育部"十一五"国家级规划教材《俄语》(全新版)的高年级部分,供我国高等院校俄语专业学生四年级上学期使用。

四年级上学期是提高学生俄语综合能力的重要阶段,也是俄语专业学生能否顺利通过八级考试的关键半年。除了继续培养口语表达能力之外,学生尚需加强翻译、阅读理解、作文写作和俄罗斯国情等方面的训练。《俄语》第7册旨在提高俄语专业学生综合训练效果,培养其能够运用外语思维来完成口笔语交际的能力。该教材具有如下的一些特点:

1. 本册教材所涉及的题材广泛,既有能体现现代俄语特点的文学作品,如«Гигант»和«Ночь феникса»,也有和人们日常生活紧密相关的文章,如«Давайте говорить друг другу комплименты!»和«Чужие»等。教材内容贴近现实,语言规范,能较为完整地体现现代俄语的基本特征和当代俄罗斯社会的生活脉动。

2. 培养学生表达方面的创新思维是本册教材练习编写的关注点之一。除了那些传统的教材练习编写方法外,本册教材增加了诸如"Темы для дискуссии"等练习类型。课后练习紧扣课文内容,使学生通过练习来强化对课文的理解。

3. 本册教材充分考虑到了俄语八级考试和高年级教学的某些范式,即要求学生有较强的阅读能力和写作能力。这也是一名专业俄语学生应具备的素质。根据这些范式,教材为学生提供了较为充足的阅读训练和作文写作题目。

4. 四年级上学期是专业学生完善自己"问题意识"的最佳时段之一。这是因为,经过三年系统的语言技能训练,学生基本可以借助这些技能充分表达自己的思想。根据这些诉求,教材在课文题材的选择上力争引导学生对环境、中俄文化交流、大学生就业、婚姻、人格和道德等方面的问题作深入的理解,使其能够利用现有的语料对设定的话题展开论述。

本册教材是由黑龙江大学的郑永旺和远东大学的 Г. П. Корчевская 联合编写的,终稿由邓军审校。由于各种原因,教材中可能存在这样或那样的问题,希望各位专家和任课教师提出宝贵意见和建议。

编　者

2010 年 8 月

УРОК 1 1
   Давайте говорить друг другу комплименты! 1
   Пояснения к тексту 6
   Задания 8

УРОК 2 12
   Знакомство с китайской чайной церемонией 12
   Пояснения к тексту 17
   Задания 18

УРОК 3 22
   А зачем студенты учатся в вузах? 22
   Пояснения к тексту 25
   Задания 25

УРОК 4 32
   Жить безо всего? 32
   Пояснения к тексту 38
   Задания 39

УРОК 5 43
   Город, которого нет 43
   Пояснения к тексту 45
   Задания 46

УРОК 6 50
   Гигант 50
   Пояснения к тексту 55
   Задания 56

УРОК 7	**58**
Ночь феникса	58
Пояснения к тексту	61
Задания	62
УРОК 8	**67**
Чужие	67
Пояснения к тексту	71
Задания	72
УРОК 9	**76**
Друзья—товарищи	76
Пояснения к тексту	81
Задания	81
УРОК 10	**84**
Человеческая личность	84
Пояснения к тексту	88
Задания	88

УРОК 1

ДАВАЙТЕ ГОВОРИТЬ ДРУГ ДРУГУ КОМПЛИМЕНТЫ!

Вряд ли найдется женщина, которая не хотела бы быть счастливой в браке. Все хотят. Да вот только мало кто пытается для этого что-то сделать. Иная удивится: а что тут можно изменить? От меня, мол, ничего не зависит... Судьба!

Вот и ошибаетесь! Хотите, чтобы ваш мужчина был всегда только с вами? Хотите, чтобы любовь не покидала дом? Тогда прислушайтесь к советам специалиста-психолога Марии Бирюзовой по семейным отношениям.

Брак, как и судьбу, мы строим сами. А значит, от жены, как и от мужа, зависит счастливый союз. Если честно, от жены даже больше. Недаром же говорят: муж — голова, а жена — шея. Куда повернёт...

Начните «переделывать» вашего мужа с комплимента. Да-да! Помните строчки Окуджавы?

Давайте говорить друг другу комплименты —
Ведь это всё любви счастливые моменты...

Чтобы быть счастливой, нужно уметь правильно распределить роли в семье, научиться жить в унисон. И ваш помощник в этом — комплимент любимому.

А как вовремя и правильно похвалить?

Давайте сразу для себя отметим главное: мы, женщины, больше мужчин избалованы комплиментами и почему-то считаем, что они предназначены только для нас... К тому же некоторые любят, чтоб «пожирнее» — лейте побольше лести и восторгов по поводу и без! А ведь комплимент — не ложь. Так, некоторое преувеличение достоинств. Или доброжелательная правда, сказанная вовремя.

Когда человек любит, то через «розовые очки» влюблённости он действительно не видит недостатков любимого. Зато видит достоинства! Ну, не очи у него, а увеличительное стекло, бинокль любви! Только вот ведь... Если для женщины комплимент — лишний повод покрасоваться, то для мужчины — это повод к действию! И именно с помощью магии комплимента от, казалось бы, нерадивого, недогадливого увальня-мужа можно добиться прямо-таки цирковых трюков на арене супружеской жизни!

Не верите? Но это так! Кстати, 99 мужчин из 100 на подсознательном уровне ждут женского одобрения. Особенно от женщины, которая им не безразлична. Уже доказано: молодожёны обмениваются комплиментами в 20 раз чаще, чем супруги, прожившие рядом пятнадцать лет. И именно молодые мужья получают подпитку комплиментом от своих молодых жён. А значит, чувствуют себя увереннее. Если считать, что комплимент в какой-то степени лесть, то, как говорится, нет худа без добра. Это как фора в общении и аванс доброжелательности.

Как Алёна На Себе Андрея Женила

Об этой паре в нашем НИИ беспрестанно распускали слухи. Неудивительно. Ну, представьте себе огромный женский коллектив. Половине женщин — за сорок. А другой половине едва перевалило за двадцать. Именно они и мечтали о браке, а потому особи мужского пола, случайно залетевшие «на огонёк», оказывались тут же заарканенными. И даже окольцованными. Лишь Андрей оставался исключением. Нет, он не был слепоглухонемым карликом. Наоборот! Внешность — куда там скандинавским красавцам! К тому же спортсмен, умница, написал несколько заметных научных работ.

После того как он занял место начальника одного из подразделений института, женщины организовали на него «большую охоту». Короче, прохода ему не давали. Но Андрей был непробиваем. В конце концов дамы отступились, решив, что либо он тупой, либо он вовсе не интересуется женским полом.

Положение в корне изменилось, когда в отделе появилась новенькая. Не прошло и месяца, как Алёна заняла должность младшего научного сотрудника, и ее с Андреем уже стали замечать в институтских коридорах. Видели и то, как он порой подвозил ее на своей машине и даже увлечённо болтал о чём-то в институтском кафе. Женщины бросали на девушку негодующие взгляды. Это же надо! Ничего особенного, обычная «серая мышка», и умом не блещет, но вот ведь...

Ничего удивительного не было в том, что Алёна так быстро покорила сердце «каменного» Андрея. Просто девушка в совершенстве владела искусством говорить комплименты. Могла как бы невзначай сказать что-то приятное, похвалить. При этом ощущалось, что комплимент этот не дань необходимости, а идёт из глубины сердца. И как это умненькие сотрудницы института не

УРОК 1

догадывались, что комплименты не только «кошке приятны», но куда больше приятны молодому симпатичному мужчине. Алёна не переставала восхищаться Андреем. Хвалила за профессионализм, интеллект, деловую хватку, даже хвалила его старенький автомобиль «Жигули»! И именно с ней Андрей мог чувствовать себя желанным мужчиной, а заодно и Эйнштейном, Цицероном и Дон Жуаном в одном лице. Ясное дело, именно с Алёной он и старался проводить побольше времени. А разве ты же не хочешь, чтобы тобой восхищались? Нет, Алёна никогда не перехваливала. Она чётко знала меру, чтобы комплимент не показался высосанным из пальца или уж слишком приторным.

Когда отношения двоих стали особенно близкими, у Алёны появился и новый повод хвалить Андрея. Короче, очень скоро отношения Алёны и Андрея вступили в ту самую фазу, когда они могут прямо идти в ЗАГС.

Кстати, злые языки предрекали молодым скорый развод. Мол, не пара «мышка» нашему «орлу». Но сглазить не получилось. Алёна и Андрей действительно нашли друг друга. Ведь если честно, Алёна хвалила Андрея вовсе не потому, что хотела его заарканить. Она делала искренние комплименты только тогда, когда считала, что Андрей похвалу заслужил. В этом-то и была притягательная сила ее слов.

Между прочим, и Андрей часто хвалит Алёну. Искусству говорить комплименты он научился у жены. Ведь известно: как ты относишься к людям, так и они — к тебе. И если ты забываешь отмечать положительные качества и поступки любимого, то и он вряд ли вспомнит о твоих. Андрей и Алёна вместе уже пять лет. И расставаться не собираются. Потому что каждое утро Алёна не забывает сказать мужу: «Ты у меня — самый-самый!»

«Дорогой, Такого Мужчины, Как Ты, Нет На Свете!!»

А все-таки жаль, что мы по-настоящему не отдаем себе отчета: комплименты способны творить чудеса. Судите сами. Допустим, ваш ребенок не может решить элементарной задачки по арифметике. Ваша реакция? Нотация и замечания типа: «Опять на уроке ворон считал?!» или того хуже: «В кого ты такой бестолковый?» У вас не так? Прекрасно! Вот и американская мама поведет себя иначе: «Бобби, ты же такой умненький мальчик, для тебя же это пустяк. А ну, попробуй еще раз. Я уверена, что у тебя все получится!» И получается!

То же и с мужчинами. Но учтите, это вовсе не комплимент, когда в его присутствии вы произносите что-то вроде: «Мой-то вчера сам догадался ребенка из детсада забрать и даже обед разогрел». Почувствуйте разницу: или вы говорите любимому, что он «допер до многого сам», или: «Володенька, ты просто уникум!

Если бы ты сыграл в передаче «О, счастливчик! », миллион был бы наш! »

Очень большое значение имеет и тон, которым вы говорите комплимент. Умильно-глупое: «Дорогой, ты сегодня просто душка! » ценится мужчинами куда меньше, чем заговорщицкое: «Милый, ты неотразим! Уверена, женщины просто без ума от тебя! »

Иногда женщины, стесняясь или не умея похвалить, предпочитают эдакую мужскую ироничную манеру делать комплимент: «Я и не думала, что ты способен взять в руки молоток! Надо же, так хорошо вбил гвоздь, что даже картина не свалилась! » Чувствуете? Вас лично обрадовал бы такой комплимент? Короче, это и не комплимент вовсе, когда вы одобряете то, что в мужской среде считается само собой разумеющимся. Бывает и так, что мы, женщины, перебарщиваем с комплиментами. Мол, кашу маслом не испортишь! Испортишь! Комплименты нужно говорить за дело. Иначе возлюбленный скоро перестанет их воспринимать. Получится как с пересоленным супом: супа хочется, а есть нельзя!

Еще одно правило: изучите привычки и характер любимого. Хотите похвалить, подбодрить? Тогда вы должны знать, какой именно комплимент доставит ему настоящую радость. Скажем, для любого мужчины оценка его профессиональных качеств очень значима. Так зачем же хвалить его за удачно приготовленную яичницу? Короче, за мужские качества хвалите. А они включают и деловую хватку, и умение «достать деньги», и многое другое.

Думайте! Комплимент — дело тонкое! Он может... даже обидеть человека. Вроде этого: «Дорогой, ты потрясающе выглядишь сегодня. Хорошо все-таки, что ты прошел курс против облысения! » Или: «Я уже сказала подруге, что ты защитил докторскую, такой молодец, и совсем не переживаешь, что ниже меня ростом...»

Встречаются женщины, которые точно знают, какими должны быть мужчины — сильными, грубыми, независимыми. И нечего с ними сюсюкать, комплименты всякие на уши вешать. Обычно в союзах с такими женщинами отношения строятся по принципу «ты мне — я тебе». Короче, никто никого ни за что не поощряет. А теперь — внимание! Комплиментом можно многого добиться. Помните вашу первую встречу? Он вам про глаза, а вы — про его авто, он про...

Помните: комплимент — это верный способ заставить обратить на себя внимание. Скажем, никто не выделил понравившегося вам мужчину из его друзей и коллег. А вы как бы невзначай, глядя ему в глаза, говорите: «Знаете, вы чем-то напоминаете мне Ричарда Гира». Можно, конечно, и поизысканнее комплимент

УРОК 1

придумать. Но уверяю: в течение вечера вы не раз поймаете на себе его взгляд.

Помню случай со своей знакомой. Девушка поздно возвращалась домой. К ней пристали хулиганы. Какой-то мужчина вступился за нее. До драки дело не дошло, парни ретировались. А она в пылу благодарности мужичка ростом «метр с кепкой» назвала Гераклом. Так вот, «Геракл» не только проводил ее до дома на другой конец Москвы, но и... через год стал ее мужем. Чувствуете силу комплимента-благодарности?

В жизни много моментов, за которые можно и нужно похвалить любимого человека. И не надо ничего особенного придумывать. Просто не упускайте возможности сделать приятное. И если мужчины обычно говорят комплименты женщине о ее красоте, об умении готовить или разводить цветы, то есть хвалят за чисто женские качества, то и вы хвалите любимого за мужские качества — силу, ловкость, ум, выносливость, сообразительность...

Кстати, комплименты можно выразить не только словами. Можно, как говорят психологи, сделать и невербальный комплимент: просто ласково дотронуться в нужный момент до руки любимого...

Запомните:

Комплимент делают, глядя в глаза собеседнику. Сфокусируйте свой взгляд на мужчине, который в данную минуту не смотрит на вас. Едва он поднимет глаза, подарите ему легкую улыбку. Этот прием помогает сохранить «острые» ощущения не только в период ухаживания, но и супругам со стажем.

Обжигающий взгляд — это тоже комплимент. Дарить улыбку при этом совсем не обязательно. Отразите на лице переполняющее вас в настоящий момент ожидание чего-то прекрасного, предвкушение счастья, глубокое волнение. Энергия, которая при этом наполнит ваш взгляд, обретет всесокрушающую силу. Но следует избегать проявления излишней напористости. Это может произвести обратное впечатление.

Прикованный взгляд тоже является комплиментом. Остановите взгляд на мужчине, который в данный момент смотрит в другую сторону. Улыбнуться не торопитесь. Когда мужчина поднимет на вас глаза, не отводите взгляд, не улыбайтесь, не позволяйте себе никаких непроизвольных движений, просто продолжайте пристально смотреть ему в глаза. Поверьте, мужчина, будь он случайным знакомым или супругом, с которым бок о бок прожито много лет, не сможет остаться равнодушным. Запомните простые правила:

А. Нельзя делать комплимент со скрытой насмешкой.

В. Учитесь дозировать комплименты.

C. Старайтесь избегать нелестных сравнений.

Примерно 20 процентов супругов говорят друг другу комплименты только в начале «романтического пути». И лишь 10 процентов используют комплимент как постоянный «горячий пирожок» для укрепления супружеских отношений.

Искусству комплимента, к сожалению, обучают лишь в штате Флорида (США) на специальных курсах.

Итак, хотите проверить, хорошо ли вы изучили характер вашего возлюбленного или мужа? Попробуйте сделать ему заведомо ложный комплимент. Будучи человеком ироничным, он наверняка ответит той же монетой. Если он вспыльчив, возможно, рассердится, что его «принимают за дурака». Если не очень умен, обрадуется...

Ну а если всерьез, то не бойтесь говорить комплименты своим благоверным. И поверьте, от этого ваша супружеская жизнь станет лишь ярче!

Пояснения к тексту

1. **Булат Шалвович Окуджава** (1924—1997) — поэт, переводчик, прозаик, певец и кинодраматург.

2. **Унисон** — созвучие из двух или нескольких звуков одинаковой высоты, воспроизводимых разными голосами или инструментами. Научиться жить в унисон — научиться жить гармонично.

3. **Лейте побольше лести и восторгов по поводу и без!** «Лейте» — это повелительное наклонение глагола «лить», который в данном случае означает «говорите».

4. **Если для женщины комплимент — лишний повод покрасоваться, то для мужчины это повод к действию.** Комплимент обнаруживает видимые, обычно внешние достоинства женщины. В то же время комплимент оказывает большое влияние на мужчину, заставляет его действовать.

5. **И именно с помощью магии комплимента от, казалось бы, нерадивого, недогадливого увальня, —мужа можно добиться прямо —таки цирковых трюков на арене супружеской жизни!** Комплименты — это волшебные слова, с помощью которых жена может сделать глупого и ленивого (неловкого) мужа умным, ловким, храбрым.

6. **И именно молодые мужья получают подпитку комплиментом от своих молодых жен.** Молодые мужья (те, кто недавно женился) чаще слышат от жен

УРОК 1

комплименты и это дает им силы, поддерживает их.

7. **Это как фора в общении и аванс доброжелательности.** Это как уступка в общении и готовность быть доброжелательным.

8. **НИИ** — Научно-исследовательский институт.

9. **Именно они и мечтали о браке, а потому особи мужского пола, случайно залетевшие на огонёк, оказывались тут же заарканенными. И даже окольцованными.** Эти женщины страстно мечтали выйти замуж за удачливых мужчин, и поэтому «охота» на этих мужчин была целью жизни женщин. Особь — самостоятельно существующий организм или индивидуум.

10. **Женщины организовали на него «большую охоту».** Женщины старались ему понравиться и сделать его своим другом (мужем), покорить его сердце.

11. **Серая мышка** — простая, неприметная, ничем не замечательная девушка.

12. **При этом ощущалось, что комплимент этот не дань необходимости, а идет из глубины сердца.** При этом было понятно, что комплимент Алёна делает искренне, от всего сердца, а не из расчета (не по расчету, не ради выгоды).

13. **Цицерон** — Марк Туллий Цицерон (Marcus Tullius Cicero) (106–43 до н. э.), римский политический деятель, оратор и писатель. Сторонник республиканского строя. Из сочинений сохранились 58 судебных и политических речей, 19 трактатов по риторике, политике, философии и более 800 писем. В переносном смысле Цицероном называют человека, умеющего красиво, убедительно говорить.

14. **Дон Жуан** — знаток и любитель женщин, заглавный герой поэмы Дж. Байрона «Дон Жуан». В переносном смысле это мужчина, который может быстро понравиться женщинам.

15. **Кстати, злые языки предрекали молодым скорый развод.** Недоброжелатели (недоброжелательные люди) говорили (предсказывали), что молодые супруги скоро разведутся.

16. **Он «допер до многого сам».** Он додумался (догадался) многое сделать самостоятельно, без подсказки.

17. **И нечего с ними сюсюкать, комплименты всякие на уши вешать.** (Некоторые женщины считают), что не надо излишне ласково (нежно) говорить с мужчинами и не надо говорить им комплименты, ведь эти комплименты — неправда.

18. **Предвкушение** — желание, ожидание чего-либо.

19. **Геракл** — самый популярный из древнегреческих героев, сын Зевса и Алкмены, силач, совершивший много подвигов. В тексте это физически сильный мужчина.

Задания

I. Ответьте на вопросы по содержанию текста.
1. Какую роль играет комплимент в семейной жизни?
2. Почему женщины считают, что именно они, а не мужчины, имеют право наслаждаться комплиментами?
3. Почему страстно влюбленный человек не видит недостатков любимого?
4. В чем заключается секрет того, что Алёна, «серая мышка», сумела понравиться Андрею?
5. Какие комплименты, согласно тексту, считаются тактичными?
6. Какие правила должны соблюдать женщины и мужчины, когда они говорят комплименты?
7. Что вы понимаете под фразой «Брак, как и судьбу, мы строим сами»?

II. Обсудите в группе следующие темы.
1. Комплименты необходимы в семейной жизни, как соль и вода.
2. Счастливая супружеская жизнь зависит от того, умеют ли жены тактично говорить мужьям комплименты.
3. Комплименты предназначены только для красивых женщин.
4. Мужчины не нуждаются в комплиментах.
5. Комплименты действуют положительно и на женщин, и на мужчин.
6. За удачливыми мужчинами всегда стоят женщины, умеющие тактично говорить комплименты.
7. Владение искусством говорить тактичные комплименты считается предпосылкой семейного счастья.

III. Определите значение следующих словосочетаний и оборотов и составьте с ними предложения.
1. розовые очки
2. нет худа без добра
3. залететь на «огонек»
4. серая мышка

УРОК 1

5. каменный человек

6. считать ворон

7. упускать / упустить возможность

8. сфокусировать взгляд на ком-либо

9. обжигающий взгляд

IV. Переведите предложения на китайский язык. Обратите особое внимание на значение выделенных слов.

1. Марковский почувствовал, что и сердце Зои бьется <u>в унисон</u> с его сердцем.

2. Народ в своих импровизированных хорах не всегда поет <u>в унисон</u>.

3. Ученый считал, что этот мальчик <u>предназначен</u> для науки.

4. Иван вдруг осознал, что именно ему <u>предназначено</u> вывести всех товарищей из трудного положения.

5. Глаза рыжего мужика налиты кровью и <u>блещут</u> злым торжеством.

6. Не всё то золото, что <u>блестит</u>.

7. Старик ловко <u>заарканил</u> лошадь и закричал на меня во всё горло: «Иди ко мне! Чего ждать?»

8. Не прошло и месяца, как Наташа <u>заарканила</u> Максима своей красотой.

9. <u>Кашу маслом не испортишь</u>. Если ты овладеешь двумя иностранными языками, то обязательно найдешь хорошую работу.

10. Мол, <u>кашу маслом не испортишь</u>. Испортишь! Комплименты нужно говорить за дело. Иначе возлюбленный скоро перестанет их воспринимать.

11. Бывает, что автор и хороший, и серьезный, и честный, но со своими маленькими читателями начинает <u>сюсюкать</u>.

12. За свою долгую бивачную жизнь он прекрасно узнал душу солдата, не <u>сюсюкал</u> с бойцами.

V. Прочитайте следующие фразы, объясните различия в употреблении «мало кто/что...» и «мало ли кто/что...». Переведите эти фразы на китайский язык.

1. <u>Мало кто</u> из нашей группы овладел и русским и английским языками в совершенстве, как Петр.

2. <u>Мало ли кто</u> живет в этом общежитии, я не могу найти нужного тебе человека.

3. Да <u>мало ли о чем</u> мечталось! А потом оказалось, что реальная жизнь гораздо интереснее любой мечты!

4. Самые скверные поступки всегда очень грязны, хотя внешне могут привлекать; да <u>мало ли что</u> снаружи блестит...

5. Мало где бываю, все время в институте работаю. Думаю, этой зимой поеду отдыхать домой, в Далянь.

6. Профессор Бердяев мало когда гуляет со своей молодой женой, говоря, что ему не до этого.

7. Несмотря на всю его нелюбезность, мне показалось, что он человек с умом и способен многое понять, хотя из постороннего его мало что интересует.

8. Лебедев действительно некоторое время хлопотал; расчеты этого человека всегда зарождались как бы по вдохновению и от излишнего жару усложнялись, разветвлялись и удалялись от первоначального пункта во все стороны; вот почему ему мало что удавалось в жизни.

VI. Переведите следующие предложения на русский язык.

1. 在西方文化语境中，女人似乎天生享有被恭维的特权。然而，男人何尝不想听到对自己的赞美呢？

2. 郎才女貌有时并不是婚姻的基础。现实生活中，一个英俊的男人和一个相貌平平的女人能幸福地生活一辈子。自古红颜多薄命，这是中国人对美女未来生活一种很独特的判断。

3. 学会和家人和谐生活并不像看上去那么简单。

4. 在不恰当的场合说不恰当的恭维话会给人留下十分糟糕的印象。

5. 心理学家认为，哪怕是一个和妻子生活多年的丈夫，他也不会对妻子突然冒出的几句恭维话无动于衷。

6. 青年人在恋爱初期会频繁地相互恭维，但当他们步入婚姻殿堂之后，这种情形就越来越少了。

VII. Напишите сочинение на тему «Комплимент нужен и мужчинам».

VIII. Прочитайте стихотворение Б. Окуджавы и выучите его наизусть.

Давайте восклицать, друг другом восхищаться.
Высокопарных слов не стоит опасаться.
Давайте говорить друг другу комплименты –
Ведь это всё любви счастливые моменты.

Давайте горевать и плакать откровенно,
То вместе, то поврозь, а то попеременно.
Не надо придавать значения злословью,
Поскольку грусть всегда соседствует с любовью.

УРОК 1

Давайте понимать друг друга с полуслова,
Чтоб, ошибившись раз, не ошибиться снова.
Давайте жить, во всём друг другу потакая,
Тем более, что жизнь короткая такая.

УРОК 2

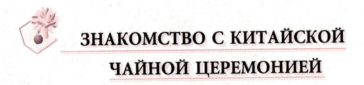

ЗНАКОМСТВО С КИТАЙСКОЙ ЧАЙНОЙ ЦЕРЕМОНИЕЙ

Подготовка к чайной церемонии

При подготовке к церемонии важно максимально избавить себя от посторонних запахов. Руки — вымыть, зубы — почистить, рот — прополоскать. Чайной церемонией лучше не заниматься сразу после еды. И не сочетать ее с едой, хоть это и трудно объяснить людям, привыкшим пить чай с закусками. Легкая пищевая «отдушка» возможна (например, орехи), хотя в классической традиции и не присутствует. Важно также, чтобы участвующие в церемонии женщины стерли помаду с губ, если такая имеется.

Классическая гунфу-ча подразумевает, что вода для чая подогревается в непосредственной близости от места чаепития и первое действие церемонии осуществляется, пока вода стоит на огне. Начинается все с демонстрации чая гостям. Эта часть церемонии отнюдь не является простым пижонством. На хороший улунский чай посмотреть очень приятно — он бывает весьма разнообразно скручен, красив внешне и обладает приятным ароматом. Именно с аромата и начинается знакомство гостей с чаем. Для этого порция чая, отмеренная для заваривания (строгой регламентации здесь нет, все зависит от чая и такая порция может составлять от 2 до 6 граммов сухой заварки) пересыпается в специальную чайницу. После этого каждый участник церемонии «знакомится с чаем», дважды вдыхая его аромат и дважды выдыхая в чайницу — чай тоже должен познакомиться с гостем.

Вдыхая аромат, нужно постараться дышать как можно глубже, чтобы запах чая достиг самого низа легких. Для этого лучше сидеть прямо, может быть — на коленях. Женщинам такие глубокие вдохи обычно удаются быстрее. Если при вдыхании аромата вы чувствуете, что запах чая на втором вдыхании

УРОК 2

поменяется, это значит, что все идет как надо. Опыт показывает, что изменение аромата сухого чая происходит только в том случае, если выдохнуть в чай.

Важно отметить также, что все процедуры, осуществляемые в рамках церемонии с сухой заваркой, подразумевают, что чай никто не будет трогать руками — он очень хорошо «принимает» чужие запахи. Кстати, по-китайски процедура извлечения чая из чайницы называется «цюйча».

Пока гости знакомятся с чаем, хозяин может ополоснуть всю чайную посуду горячей водой. Во-первых, посуда подогреется, во-вторых, с нее смоется пыль (если она есть) и злые духи, в-третьих, если несколько чаев пьются один за другим, такое ополаскивание поможет избавиться от аромата предыдущего чая. Посуду следует обливать и снаружи и внутри, не разводя при этом особой слякоти. Вся вода, участвующая в омовении, сливается в стол.

Как мы уже отмечали, количество чая, насыпаемого в чайник, зависит от тысячи и одной причин и, как правило, мастер, в конце концов, просто знает, сколько нужно насыпать чая в чайник. Здесь лишь отметим, что для полноты ощущений от церемонии желательно, чтобы в определенный момент из чайника начали вылезать разваренные листья. Так как хорошо скрученные улуны при заваривании увеличиваются раза в три, то, соответственно, и чайник можно заполнять на треть объема. Но, опять же, все зависит и от сорта чая, и от количества пьющих, и т. п.

После того, как чай засыпан в чайник, его заливают горячей водой. Не кипятком, а именно горячей водой. Чем более ферментированный чай, тем более горячей должна быть вода. Первая заливка чая водой (ее еще называют омовением — «сича») — это еще не заваривание. Как только чайник наполнен водой до краев, его закрывают крышкой и сразу обливают из чайника все чайные пары, что стоят на столике. Первой заливке нужно не давать настаиваться — все равно ее нужно выбросить. Сначала омываются (и подогреваются, и избавляются от посторонних запахов) чашки для пития — «чабэй». При этом первозаваренный чай переливается из чашечки в чашечку (по возможности, быстро), а потом выливается в стол. После этого такая же процедура проделывается с высокими чашечками (для вдыхания аромата — «вэньсянбэй»). И в стол — все в стол. Процедуры омовения чашечек называются, соответственно, «сибэй» и «сивэнь-сянбэй».

После омовения чая водой и омовения чаем посуды в чайнике оказываются смоченные горячей водой чайные листья, которые начинают понемногу раскрываться и очень активно отдавать аромат. Именно с этим

ароматом происходит второе знакомство участников церемонии. По уже традиционной схеме — вдох аромата, выдох в чайник, вдох изменившегося аромата, выдох в чайник.

На этом заканчиваются подготовительные мероприятия. Наступает момент чаепития. Тоже весьма непростое.

Китайская чайная церемония

Итак, заварившийся чай разливают по высоким чашечкам («вэньсянбэй») так, чтобы у всех был чай одинаковой крепости. Для чего все чашечки сначала заполняются примерно на четверть, потом еще на четверть и еще. То есть в итоге все высокие чашечки должны быть заполнены на три четверти своего объема, после чего высокие вэньсянбэй, как крышкой, накрываются питьевыми чашками — чабэй. Наловчившись, это можно делать одной рукой. Если навыка пока нет — можно и двумя.

После того, как чайные пары перевернуты, высокие чашки вынимаются из низких. Чай при этом, конечно, переливается в последние. Зато в высоких концентрируется аромат чая, который, собственно, и нужно вдыхать. По традиции засовывая нос в чашку и дыша в нее. Чай пьют маленькими глотками. Потом снова нюхают вэньсянбэй и пьют из чабэй. И так — пока чай не кончится (что произойдет очень быстро).

Когда чай выпит, всю процедуру повторяют. И так несколько раз, до тех пор, пока чай не потеряет свой вкус и аромат. При повторных заливках можно увеличивать время настаивания чая — но это тоже придет с опытом. В промежутках между заливками можно с удовольствием наблюдать метаморфозы, происходящие с чайными листьями — они того стоят. А уж заталкивать в чайник вылезающий из него чай — это вообще сущее удовольствие.

Однако истинное наслаждение китайской чайной церемонией наступит тогда, когда вы сможете оценить внешний вид чая, удивиться цвету напитка, ощутить, как изменяются его аромат и вкус, понять естественность действий чайного мастера, принять несуетливость чайной сущности и разделить с гостями прелесть вдумчивой беседы. Разберемся по порядку.

Внешний вид чая. Как вы помните, церемония начинается со знакомства с чаем. И первые эмоции, испытываемые участником гунфу-ча, связаны с внешним видом сухой заварки. Если человек участвует в церемонии впервые, то он, чаще всего, изрядно удивляется — причудливо свернутые китайские чаи не могут не восхищать. Опытного же участника церемоний при созерцании сухой заварки, как правило, посещает тихая и спокойная радость — он встречает чай, как старого друга, узнавая его и предчувствуя то удовольствие, что приносит общение с ним. Следующий «визуальный контакт» с чаем происходит, как правило, в конце церемонии, когда развернувшиеся чайные листья извлекают из чайника. И вновь новичок и мастер испытывают разные чувства. Новичка удивляет, что те «чаинки», что он рассматривал в самом начале чаепития — это настоящие чайные флеши — два листочка и почка. И теперь он может видеть их целиком, поражаясь, насколько искусно они были свернуты. Опытному же мастеру вид развернувшихся чайных листьев доставляет спокойное удовольствие предсказуемого чуда, в котором ему посчастливилось принять участие.

Цвет напитка. Цвет чая зависит, в первую очередь, от его сорта. Хотя разные чаи сортов «Улун» являются полуферментированными, они радуют участников церемонии различными прекрасными оттенками: желтыми, коричневыми, зелеными, янтарными, которые трудно описать словами. Я (автор данной статьи) был потрясен, когда в первый раз увидел цвет Дун Дин-Улуна (Улун с Морозного пика). Настолько насыщенной, яркой, провокационной, радостной (но при этом очень естественной и вовсе не кислотной) желтизны я просто не мог ожидать от чая. Но статичный цвет напитка — это не единственное удовольствие. Цвет чая постоянно меняется в зависимости от освещения, от посуды, из которой пьется чай и от кучи других причин. Даже будучи налитым в разные чашечки пары — в «вэньсянбэй» и «чабэй» — один и тот же чай выглядит неуловимо по-разному. Цвет чая меняется от заварки к заварке, но самые таинственные изменения происходят внутри питьевой чашечки. Во-первых, цвет напитка меняется от краев к середине чашки. Меняется он градиентно. Во-вторых, он меняется при рассматривании чашечки и поднесении ее ко рту. В-третьих, он меняется в процессе выпивания, потому что чая в чашечке становится все меньше. Но при любом раскладе этот цвет остается исключительно чистым и глубоким. И очень светлым.

Вкус и аромат напитка — это, конечно, гвоздь церемонии. Вернее, не столько вкус и аромат, сколько их синхронное изменение. Дело в том, что с чистым вкусом и ароматом хорошего улунского чая может выйти порядочный казус. Для того чтобы оценить их по полной программе, нужна хорошая тренировка. То есть, попросту говоря, таких чаев нужно изрядно попить, а это условие не всегда и не всем удается соблюсти. При втором знакомстве с омытым чаем эти жжёные нотки вдруг свежеют и чай приобретает настолько сильный и непривычный травяной аромат, что к нему даже не подобрать правильных эпитетов. Вернее, что эпитеты и ассоциации уже зависят не только от сорта чая, но и от человека. Не забывайте, что при знакомствах с сухим и омытым чаем делай два вдоха, и ароматы первого и второго вдохов тоже различаются. И эту разницу нужно попытаться уловить.

Самое интересное, что в случае с улунскими чаями ассоциативный ряд, возникающий у участников церемонии при встрече со вкусоми и ароматом, бывает самым разнообразным. Тыквенные семечки, свежее сено, жженый сахар, цветы, конфеты — люди вспоминают все, что угодно, и ощущения эти не формализовать. После пятой заварки (четвертой питьевой) начинает угасать и вкус (аромат уже почти неощутим), но тут начинается одна забавная штука. Начинает работать чайное послевкусие и, выпивая и вынюхивая очередные чашечки с чаем, ты не понимаешь, откуда берутся вкус и аромат: из чашек или они уже «живут» в тебе. Эти тонкие, почти неуловимые ощущения — одно из самых больших удовольствий гунфу-ча.

Еще один источник наслаждения церемонией скрыт в наблюдении за действиями чайного мастера. Выше мы уже писали, что вращательное движение чайником, предваряющее разливание напитка, часто получается само собой, настолько оно очевидно. И это характерно. Все действия чайного мастера, на первый взгляд, вычурные, сложные и противоестественные, на самом деле удивительно просты и потрясающе гармонируют с основной целью гунфу-ча, то есть с раскрытием аромата и вкуса чая. Наблюдая за действиями мастера, в какой-то момент понимаешь, что они идеально сочетаются с сущностью чая, начинаешь любоваться ими и хочешь научиться делать все то же самое...

Но это еще не все. В какой-то момент, после неоднократного наблюдения за действиями чайного мастера, понимаешь, в чем основа его мастерства. Оно находится в понимании пауз. Вы, наверное, уже заметили, что техническая сторона гунфу-ча — это набор простых действий, которые очень просто воспроизвести. Распечатать страницу из интернета, собрать все причиндалы, купить чаю и все вроде готово. И вот когда это «готово» начнется, перед вами встанет ряд неразрешимых, на первый взгляд, вопросов и все они будут связаны с этими самыми паузами: сколько настаивать чай в чайнике, когда переворачивать чайные пары и т. д. Чувство «правильного чайного времени» приходит с опытом, и с опытом немалым. И потому правильные паузы в исполнении чайного мастера не могут не восхищать.

УРОК 2

Философия китайской чайной церемонии

Философская сущность чайной церемонии состоит в том, что эта церемония просто не может быть суетливой и производиться впопыхах. Мысль устроить гунфу-ча может быть спонтанной. Это безусловно. Но после того как церемония началась, время начинает течь совершенно по-другому. Ты вдруг понимаешь, что вся остальная жизнь осталась там, за пределами чаепития. И все время, проведенное за чайным столиком, от начала церемонии и до ее окончания, безраздельно твое. И ты можешь распорядиться им совершенно по-своему. Можешь наслаждаться церемонией, можешь углубиться в собственные мысли (гунфу-ча — прекрасный антураж для таких мыслей), можешь грустить или радоваться, или вообще отрешиться от всего, что тебя окружает. В такие моменты ты по-настоящему хозяин себе и своим мыслям. Это не очень часто случается в нашей жизни.

Здесь необходимо сделать одну весьма существенную оговорку. Если начинать корчить из себя снобов или великих знатоков китайской культуры, то можно заявить, что гунфу-ча без глубокого осознания даосских, буддийских и конфуцианских принципов, без знания китайского языка, китайской поэзии, наличия определенного разреза глаз и цвета кожи, — это вовсе не гунфу-ча. И что во всей России, дай Бог, найдется десяток человек, которые могут качественно эту церемонию организовать и правильно ею проникнуться. С формальной стороны это действительно так.

Однако мы не снобы и не корчим из себя великих знатоков китайской культуры. А наш не очень бедный чайный опыт научил нас тому, что любое настоящее чаепитие состоит из двух составляющих. Обязательной, которую надо соблюдать, по возможности, точно. И произвольной, которую приносит в чаепитие сам человек. Это относится ко всем видам чаепития, начиная от банального засовывания разового пакетика в чашку и заканчивая изысканнейшими церемониями. Так что нечего комплексовать. Примерное описание гунфу-ча мы привели выше.

Пояснения к тексту

1. **Гунфу-ча** — в буквальном переводе «великое чайное мастерство», так называется чайная церемония на родине этого напитка. Только в Поднебесной

чай действительно стоит в центре церемонии. Все действо разворачивается для того, чтобы можно было оценить вид, цвет, аромат, изменение вкуса от чашки к чашке. Но одновременно это и глубоко символичный ритуал. Единство Инь и Ян, пяти первоэлементов — вот о чем напоминает гунфу-ча посвященным.

2. **Эта часть церемонии отнюдь не является простым пижонством.** Эта часть церемонии действительно нужна, она имеет смысл, а не проводится только ради внешнего эффекта, из хвастовства.

3. **Улунский чай** — улунский чай принадлежит к полуферментированным чаям. В улунском чае остается еще достаточное количество веществ, которые способны подвергаться ферментации.

4. **Цюйча** — извлечение чая из плотно закрытой чайницы.

5. **Злые духи** — сверхъестественные существа, которые вредят человеку.

6. **Вэньсянбэй** — нюхательная чашка, которой пользуются для того, чтобы прочувствовать аромат горячего чая.

7. **Но это тоже придет с опытом.** Но это (ощущение, наслаждение и т. п.) будет только тогда, когда появится опыт.

8. **Дун Дин-Улун** — Улун с Морозного пика. Дун Дин Улун — это один из самых известных улунских чаев в провинции Тайвань Китая. Он относится к слабоферментированным скрученным тайваньским улунам. Это первый собственно тайваньский улун в истории (выращивается с 1810 года). Сам Морозный Пик находится в Центральной части Тайваня и имеет высоту всего 800 метров, но чай, выращенный на склонах этой небольшой горы, невероятно знаменит.

9. **Казус** — сложный, запутанный или неожиданный случай.

Задания

I. **Ответьте на вопросы по содержанию текста.**

1. Что необходимо сделать перед чайной церемонией?
2. Как гости знакомятся с чаем?
3. Сколько чая надо засыпать в чайник? От чего зависит количество чая?
4. Для чего нужны высокие чашечки (вэньсянбэй) и низкие чашечки (чабэй)?
5. В чем состоит истинное наслаждение чайной церемонией, кроме питья чая?

УРОК 2

6. В чем, по мнению автора, заключается философская сущность чайной церемонии? Согласны ли вы с этим и почему?

7. Надо ли, по мнению автора, знать принципы буддизма и конфуцианства, китайский язык и китайскую поэзию, чтобы понять и оценить чайную церемонию? А каково ваше мнение?

8. В чем, по-вашему, состоит прелесть чайной церемонии?

II. Напишите слова, однокоренные со словом «чай».

III. Переведите следующие предложения на китайский язык. Обратите внимание на значения слова «дух».

1. В здоровом теле здоровый дух.
2. Материя, природа, бытие, физическое есть первичное, а дух, сознание, ощущение, психическое — вторичное.
3. Как был я духом бодр, как полон юных сил.
4. Как у вас хватает духа говорить все это про человека, который не сделал вам никакого зла?
5. Не верю, что злой дух иногда делает добро.
6. Я молюсь всем духам, и добрым и злым, чтобы они спасли жизнь моему бедному сыну.
7. Не падай духом. Такие трудности, мне кажется, не могут свалить тебя с ног.
8. Как преподаватели, мы должны взять на себя ответственность воспитать студентов в духе коллективного сотрудничества.

IV. Прочитайте текст. Расскажите, что вы узнали о традициях московского чаепития.

Как москвичи пили чай

Чай москвичи пили утром, в полдень и обязательно в четыре часа. В это время в Москве в каждом доме кипели самовары. Чайные и трактиры были полны, и жизнь на время замирала. Пили его вечером; пили, когда взгрустнется; пили от нечего делать, и «просто так». Пили с молоком, с лимоном, с вареньем, а главное — с удовольствием, причем москвич любил чай крепкий и горячий, чтобы губы жег. От жидкого чая, «сквозь который Москву видать», москвич деликатно отказывался и терпеть не мог пить его из чайника. Если москвич, выпив десяток стаканов, отставлял стакан в сторону, это не значило, что он напился: так он делал передышку. А вот когда он, опрокинув стакан вверх дном, клал на него остаток сахару и благодарил, это означало, что с чаепитием покончено и никакие тут уже уговоры не помогут. Во время чаепития москвич внимательно следил, как ему наливали чай. Если стакан наливали не доверху, гость тут же просил долить его, чтобы жизнь была полнее. Если самовар, потрескивая углями, «пел песни», суеверный москвич радовался: это к добру. Если же при прогоревших углях самовар вдруг ни с того ни с сего начинал свистеть, москвич испуганно хватал крышку, прикрывал ею самовар и начинал трясти. Заглушив таким образом свист, москвич долго потом находился в тревоге и ожидании всяких неприятностей. Самой плохой приметой считалось, если самовар распаивался. В этом случае, верили москвичи, обязательно будет беда.

V. Расскажите русским друзьям о китайской чайной церемонии.

VI. Изложите ваше мнение по следующим темам.
1. Жизнь бесцветна без чая.
2. Чайная культура в Китае
3. Гунфу-ча в сознании китайского народа
4. Торжественность и естественность китайской чайной церемонии
5. Созерцание при чайной церемонии
6. Философская сущность китайской чайной церемонии

VII. Напишите сочинение (не менее 150 слов) на одну из тем:
1. Мое знакомство с чайной церемонией
2. Чайная церемония — важная часть китайской культуры.
3. Мой любимый сорт чая.

VIII. Переведите текст на русский язык.

什么是茶道？

茶道属于东方文化。东方文化与西方文化的不同在于，东方文化中的一些思想往往没有一个科学的、准确的定义，而需要个人凭借自己的悟性去贴近它、理解它。早在我国唐代，汉语中就有了"茶道"一词，尽管"茶道"这个词从唐代至今已使用了一千多年，但在很多权威的辞书中均无此词条，这不能不说是一种遗憾。那么，什么是茶道呢？

УРОК 2

"茶道"是一种以茶为媒的生活礼仪,也被认为是修身养性的一种方式。它通过沏茶、赏茶、饮茶来增进友谊和愉悦身心。茶道最早起源于中国,这是世界各国公认的。至少在唐朝或唐朝以前,中国人就在世界上首先将饮茶作为一种修身养性之道了。公元1259年,一位日本和尚首次将中国的茶道引进日本,成为中国茶道在日本的最早传播者。

茶道是中国人奉献给世界的第五大发明。此言不虚。

IX. Следующие выражения имеют культурные коннотации (дополнительные культурные смыслы). Переведите их на русский язык, пользуясь словарями.

1. 中国功夫
2. 阴阳
3. 中医
4. 儒家学说
5. 道家
6. 禅宗
7. 《红楼梦》
8. 《西游记》
9. 《三国演义》
10. 《水浒传》
11. 武林
12. 小康生活
13. 宁为玉碎不为瓦全
14. 杀身成仁
15. 五行
16. 中国书法
17. 茉莉花茶
18. 龙马精神
19. 农历新年
20. 京剧

УРОК 3

А ЗАЧЕМ СТУДЕНТЫ УЧАТСЯ В ВУЗАХ?

Иван Климов

Социологические опросы и беседы в специальных фокус-группах, проведенные сотрудниками Фонда общественного мнения, показывают, что высшее образование российская молодежь ценит далеко не только как возможность претендовать на престижное и высокооплачиваемое место на рынке труда. Молодые люди стремятся в вузы, даже если знают, что по окончании института их вовсе не ждут высокие заработки.

Высшее образование котируется в России чрезвычайно высоко. Подавляющее большинство опрошенных — 74% — полагают, что сегодня важно иметь высшее образование, и только 23% придерживаются противоположной точки зрения. Причем молодежь убеждена в ценности образования особенно твердо; среди тех, кто моложе 35 лет, первое суждение разделяют 80%, а второе — лишь 18%.

Такой престиж высшего образования обусловлен, прежде всего, тем, что большинство россиян видят в нем важнейший ресурс, резко повышающий социальную мобильность гражданина и его конкурентоспособность на рынке труда. Именно о «рентабельности» высшего образования чаще всего говорили опрошенные, отвечая на открытый (без подсказанных вариантов ответа) вопрос о мотивах людей, стремящихся получить его. Акценты расставлялись по-разному: одни — на том, что оно открывает доступ к престижной и высокооплачиваемой работе («дает работу, которую пожелаешь, положение в обществе»; «человек становится умнее и больше стоит»; «чтобы быть нужным и не испытывать материальные затруднения»), другие — на том, что высшее образование позволяет сделать карьеру, повысить свой социальный статус, пробиться «наверх» («образование дает власть и деньги»; «занимать большой пост»; «к власти поближе»). Третьи утверждали — зачастую довольно категорично — что высшее

УРОК 3

образование гарантирует трудоустройство, тогда как человек без диплома почти лишен шансов получить работу («везде нужны с высшим образованием»; «без образования никуда не берут»). Наконец, четвертые — и таких было особенно много (каждый третий из числа ответивших на вопрос) — напрямую связывали высшее образование с материальным благосостоянием («материально обеспечить себя и свою семью»; «каждый хочет жить богаче»; «чтобы иметь побольше денег»).

Однако многие россияне прекрасно осведомлены о том, что высшее образование и в советские времена, и сегодня отнюдь не гарантирует его обладателю ни занятость, ни — тем более — высокие заработки. Истории о торгующих на рынках обладателях вузовских дипломов широко известны — и не только потому, что люди, сталкивающиеся с такими фактами, запоминают их надолго и охотно рассказывают окружающим. Об этом много говорят СМИ, а российские левые обожают иллюстрировать тезис о губительности реформ для научного, технического, культурного потенциала страны именно ссылками на высокообразованного продавца колбасы.

Разумеется, большинство россиян не питают иллюзий относительно доходов рядовых представителей таких массовых профессий, как врачи и учителя. Так что представление о «рентабельности» высшего образования постоянно приходит в противоречие с множеством известных фактов. И это весьма отчетливо проявляется в ходе групповых дискуссий:

«У меня два высших образования, а зарплата — слезы. Не раз я думала — сменю работу, но я не могу уйти со своей работы. Я чувствую — это мое».

Почему же представление о практической ценности высшего образования остается, вопреки этому, чрезвычайно широко распространенным?

Очевидно, тут сказывается несколько обстоятельств. Во-первых, российские граждане прекрасно знают, что «начальство» — от первых лиц государства до руководителей практически любых предприятий и учреждений — всецело состоит из обладателей высшего образования. И это — веский аргумент в пользу тезиса о том, что такое образование открывает путь «наверх».

Во-вторых, многие явно исходят из того, что высшее образование должно быть «рентабельным», и если сегодня прямая зависимость между уровнем образования и шансами на трудоустройство, на высокий доход прослеживается не слишком отчетливо, то со временем, по мере преодоления кризиса, она непременно установится:

«Я считаю, что время, которое мы переживаем, — оно пройдет. И высшее образование в любом случае должно быть».

«Интеллект — он всегда будет востребован. Другое дело, что сейчас такие времена...»

Многие уже сегодня отмечают тенденцию к росту спроса на высокообразованных работников.

Но за стремлением к высшему образованию многие усматривают не только прагматические мотивы, но и тягу к интеллектуальному и духовному росту, к самосовершенствованию и самореализации («для развития ума»; «для всестороннего развития»; «шире возможности реализовать себя»). Довольно часто эти мотивы — прагматический и потребность в самоусовершенствовании — сочетаются: «для карьеры, для духовного роста»; «для роста — человеческого и карьерного».

А многие считают сугубо прагматический, меркантильный подход к высшему образованию неприемлемым: «Даже результат не важен. Тут важен как бы сам процесс, что человеку будет интересно»; «Вы знаете, я считаю, что высшее образование просто необходимо для человека, который живет в современном обществе, общается изо дня в день с людьми разными. Это... другой круг людей, у них совершенно другое какое-то мышление, у них другая душевная, духовная жилка. Поэтому я считаю, что это просто необходимо...»

Большинство российских граждан склонны существенно преувеличивать число людей с высшим образованием в стране. Согласно данным Госкомстата, его имеют чуть больше 17% совершеннолетних россиян. Между тем 62% опрошенных убеждены, что такое образование получили свыше четверти россиян, а 23% дают совершенно фантастические оценки, предполагая, что абсолютное большинство наших соотечественников окончили вузы. Между прочим, 36% опрошенных полагают, что в стране недостаточно высокообразованных людей, но при этом считают, что их доля превышает 40% населения, а каждый пятый — что их больше половины.

Естественно предположить, что массовое заблуждение относительно численности обладателей высшего образования влияет на суждение россиян о его необходимости. Человек, уверенный в том, что большинство его сограждан имеют такое образование, в большей мере склонен воспринимать обучение в вузе как «стандартный», если не обязательный этап социализации.

УРОК 3

Пояснения к тексту

1. **Котироваться** — 1 и 2 л. не употр, о ценных бумагах. В тексте глагол употр. в перен. значении «иметь общественный вес, авторитет». Его мнение котируется невысоко.
2. **Рентабельность** — то же, что и доходность, прибыльность.
3. **Сделать карьеру** — успешно продвинутся в какой-нибудь сфере деятельности, достижение известности, славы.
4. **СМИ** — средства массовой информации.
5. **Разумеется, большинство россиян не питают иллюзий относительно доходов рядовых представителей таких массовых профессий, как врачи и учителя.** Большинство россиян хорошо понимают, что обычные врачи и учителя получают небольшую зарплату.
6. **«У меня два высших образования, а зарплата — слезы».** Хотя я имею два диплома, но это не изменило моей жизни: у меня очень маленькая зарплата (такая жалкая сумма денег, из-за чего просто хочется плакать).
7. **Веский** — серьезный, убедительный.
8. **... у них другая душевная, духовная жилка.** Люди, у которых есть высшее образование, имеют также склонность к духовной деятельности, особое душевное и духовное развитие.
9. **Госкомстат** — Государственный комитет Российской Федерации по статистике, в настоящее время это Федеральная служба государственной статистики.

Задания

I. Ответьте на вопросы по содержанию текста.

1. Какие данные доказывают, что высшее образование высоко котируется в России?
2. Всегда ли высшее образование гарантирует занятость и высокие заработки? Почему?
3. Как вы понимаете фразу из текста: «высшее образование открывает путь » наверх? Согласны ли вы с этим утверждением? Почему?
4. Что такое «прагматические мотивы» в стремлении получить высшее обра-

зование?

5. Какие мотивы получения высшего образования, кроме прагматических, приводятся в тексте?
6. Как большинство россиян оценивают число людей с высшим образованием? Соответствует ли это реальности?
7. Будет ли человек стремиться в университет, если он уверен, что большинство его сограждан имеет высшее образование? Почему?

II. Согласны ли вы с этими утверждениями? Выскажите своё мнение и аргументируйте его.

1. Высшее образование всегда будет престижным и востребованным.
2. Высшее образование гарантирует занятость и высокие заработки.
3. Люди с высшим образованием могут сделать прекрасную карьеру и добиться высокого положения в обществе.
4. Даже если вы не хотите сделать профессиональную карьеру или добиться высокой должности, необходимо получить высшее образование (просто так, из любви к учению).
5. Девушке с высшим образованием легче найти себе хорошего мужа.
6. У родителей с высшим образованием дети умнее и талантливее, чем у тех, кто не учился в университете или в институте.
7. Женщинам вовсе не нужно получать высшее образование, потому что после университета им трудно найти подходящую работу.
8. Только обучение в ведущих вузах даёт впоследствии возможность сделать быструю карьеру.
9. Надо разумно относиться к поступлению в вуз, ведь плата за учение может быть неразрешимой проблемой для бедных семей.
10. Учиться в профессиональных училищах после школы — это разумный выбор, потому что теперь рынок труда нуждается в высококвалифицированных работниках, а не студентах, которые обладают только книжными знаниями.

III. Как вы понимаете следующие пословицы и поговорки? Составьте предложения с ними.

1. Учиться всегда пригодится.
2. Учение лучше богатства.
3. Ученье — свет, а неученье — тьма.

УРОК 3

4. Учиться никогда не поздно.

5. Красна птица перьем, а человек — ученьем.

6. Век живи — век учись.

7. Судьба определяется знанием.

IV. **В этом году сын (дочь) заканчивает школу и решает, в какой институт поступить, какую специальность выбрать. У каждого члена семьи на этот счёт своё мнение. Обсудите эту проблему на «семейном совете».**

Возможные роли:

Строгий отец, который всю жизнь проработал учителем в школе.

Мать-преподаватель, очень любящая свою работу.

Тетя-врач, недовольная своей профессией.

Дядя-бизнесмен, который всегда занят на работе и редко бывает дома.

Легкомысленная младшая сестра, которая мечтает стать певицей (поп-звездой).

Старший брат — компьютерщик, влюбленный в программирование, который почти все свое время проводит за компьютером.

V. **Переведите текст на русский язык.**

大学与梦想

大学毕业已经十年有余。如今，我是一家大型医药公司的首席专家。记得上中学的时候，我最大的理想是当科学家。我想象自己坐在宽敞整洁的实验室里摆弄各种科学仪器，通过自己不断的努力，有朝一日我将为社会带来巨大的经济效益。多年过去了，我终于实现了自己的人生价值，过上了幸福富足的生活。

回首往事，感慨颇多。上大学后我学的是自己喜欢的专业——化学。但是，理想和现实是有距离的。首先，一个人要想在化学学科上有所成就，就必须付出巨大而艰苦的劳动；其次，每年化学专业的大学毕业生多如牛毛，优秀人才更是比比皆是。放弃理想？那不是我的性格。于是，我发奋努力，终于考进国内一所著名大学的研究生院。取得硕士学位后，我又开始攻读博士学位。

其实，实现理想看似很难，其实也很容易。我的体会是：只要努力，就会有回报。

VI. **Прочитайте дополнительный текст и выполните задания.**

Стань богатым и здоровым

Богатство без здоровья, престижная работа без диплома — всё равно, что деньги на ветер. Необходимо обладать целым джентльменским набором

знаний, навыков и т. п., контуры которого мы попытаемся очертить.

Высшее образование

По данным Московского студенческого центра, занимающегося трудоустройством студентов и выпускников вузов, солидные работодатели в сфере бизнеса и управления (в самых денежных областях) по-прежнему охотно берут на работу молодых людей с экономическим и финансовым образованием, но и дипломы инженеров котируются сегодня не менее высоко! Оптимальный вариант — экономический факультет технического вуза, т. е. знание как экономики, так и какого-либо производства.

На третье место выдвинулись естественники — биологи и химики, на которых есть спрос в пищевой промышленности и на предприятиях, производящих парфюмерию и бытовую химию.

Владение компьютером

Знание компьютера не подразумевает достижения каких-то заоблачных высот программирования— достаточно просто уметь самостоятельно включить машину, найти там нужную программу, поработать в ней и, сохранив всё на диске, выйти из системы. Собеседование при приёме на работу в солидную фирму может включать в себя тестирование на персональном компьютере, а это влечёт за собой другое негласное требование — знание клавиатуры. Проще говоря — умение печатать.

Английский язык

Подавляющее большинство работодателей выставляют знание английского языка как обязательное условие, и понятно почему: в современном обществе границы делового мира практически стёрты. В крайнем случае, в вашем активе обязательно должен быть какой-нибудь другой иностранный, лучше всего испанский или немецкий. Знание двух языков (включая английский) — дополнительный козырь.

Здоровый образ жизни, физическая форма

Нет, наверное, нужды говорить, что алкоголикам и наркоманам дорога в высший свет закрыта. Но и просто бледный болезненный вид может послужить серьезным препятствием при устройстве в какую-либо солидную контору. Сегодня в моде не субтильные кашляющие очкарики, а крепкие

УРОК 3

энергичные молодые люди. В идеале хорошо бы не курить (некоторые крупные фирмы доплачивают за это своим сотрудникам) и более или менее серьёзно заниматься каким-нибудь видом спорта.

Общая эрудиция, кругозор, начитанность

Сегодня обязательно быть всесторонне развитым, разбираться в политике, следить за театральными и кинопремьерами и, разумеется, читать художественную литературу. Причём желательно не только Маринину и Акунина.

Внешний вид, вкус, умение одеваться

Если вы придете наниматься в банк или инвестиционную компанию в драных джинсах и кроссовках, может не помочь даже безупречный английский язык. Встретят-то всё равно по одёжке и, конечно, сделают вывод, что вам элементарно не хватило ума одеться в соответствии с ситуацией. Не возьмут даже курьером! Можно быть одетым небогато, но обязательно аккуратно и со вкусом.

Ораторские способности, коммуникабельность, обаяние, сообразительность

Хорошо подвешенный язык, по свидетельству психологов Московского студенческого центра, зачастую может компенсировать недостатки в образовании, а сообразительность — отсутствие опыта работы. Если вы говорите с запинками, не умеете расположить к себе собеседника, хорошей должности вам не видать.

Наличие второй специальности; дополнительные навыки (умение водить машину и т. д.)

Если инженер-технолог умеет, как простой монтёр, поменять проводку — карьера его будет развиваться стремительнее. Впрочем, мы опросили 50 московских школьников-выпускников на предмет «Джентльменского набора молодого человека, стремящегося к успеху-2001», и получили удивительные результаты. Знание нескольких иностранных языков, престижное высшее образование многие отнесли куда-то в середину списка, а на первых позициях оказались глубоко субъективные факторы:

— московская прописка, проживание в столице или поблизости от нее;
— наличие связей, денег и богатых родителей;

— умение выкрутиться из любой ситуации;
— вызывающий доверие внешний вид;
— умение пускать пыль в глаза;
— знание законов (на предмет их обхождения);
— умение скрывать свои истинные намерения от коллег;
— умение пить с нужными людьми и знать при этом меру;
— умение играть в любимую игру начальника;
— умение «подать себя».

Задание 1. По мнению автора статьи, «богатство без здоровья, престижная работа без диплома — всё равно, что деньги на ветер». Для того чтобы получить интересную, перспективную, хорошо оплачиваемую работу, необходимо обладать целым джентльменским набором качеств, знаний и ряда навыков:

— высшее образование;
— владение компьютером;
— знание английского языка;
— здоровый образ жизни, физическая форма;
— общая эрудиция, кругозор, начитанность;
— внешний вид, вкус, умение одеваться;
— ораторские способности, коммуникабельность, обаяние, сообразительность;
— наличие второй специальности; дополнительные навыки (умение водить машину и т. д.).

А. Пронумеруйте данные качества в порядке их важности для получения престижной работы. Объясните, почему вы поставили номера именно так.

Б. Допишите качества, умения, навыки, которые вы считаете необходимыми для получения престижной работы.

В. Составьте ваш план на будущее, используя данный список качеств.

Задание 2. Проведите дискуссии по содержанию дополнительного текста на следующие темы:
1. Чтобы выйти в люди, надо обладать джентльменским набором навыков.
2. Современное общество слезам не верит, верит вашим знаниям и личным

качествам.

3. Без овладения двумя-тремя иностранными языками не может быть и речи о быстрой карьере.

4. Необходимо аккуратно и скромно одеться, прежде чем идти на собеседование по поводу новой работы (по поводу устройства на работу).

УРОК 4

ЖИТЬ БЕЗО ВСЕГО?

(Адаптированный текст)

Александр Волков

Темпы потребления сырья стремительно нарастают. За несколько десятилетий, прошедших после окончания Второй мировой войны, человечество израсходовало больше полезных ископаемых, чем за всю предыдущую историю. Особенно вырос спрос на сырье в последние лет пять, когда, по мнению западных экономистов, в конкуренцию на мировом рынке вступил Китай — страна с миллиардным населением и быстрым развитием народного хозяйства.

С тех пор как цены на богатства недр начали неуклонно расти, а сами ресурсы — сокращаться, стало все очевиднее, какова подлинная их цена: без кремния не будет компьютерных чипов, без нефти — удобных в быту пластмасс, без урана — топлива для АЭС. Пусть венцом современной экономики являются цифровые технологии и наукоемкие производства, ее фундамент, как и встарь, составляют алюминий и цемент, железо и медь, бывшие некогда символами целых эпох, а ее движущей силой пока остаются уголь, нефть и природный газ. Вот только до каких пор так будет продолжаться?

Судьба не только многих отраслей экономики, но, по сути, и всей мировой экономики зависит от того, надолго ли хватит ресурсов, и насколько безболезненно мы сумеем пережить один из главных кризисов XXI века — дефицит полезных ископаемых. Когда же станет ощутимой их нехватка? Когда мир начнет задыхаться от глобального дефицита сырья?

В последнее время апокалипсические прогнозы вновь входят в моду. Каждый лишний доллар стоимости барреля нефти увеличивает спрос на мрачные сценарии будущего. Все больше людей полагает, что в ближайшие десятилетия начнется ожесточенный передел рынка сырьевых ресурсов.

УРОК 4

На первый взгляд, арифметика проста. Если взять известные на сегодня запасы того или иного вида сырья (учитывая лишь коммерчески рентабельные месторождения) и поделить их на объем годового потребления, мы получим время, отпущенное нам на то, чтобы стать «полными банкротами» — пустить по ветру все богатства природы. Согласно этим расчетам, меди и вольфрама хватит на 32 года, нефти и никеля — на 45 лет, урана — на 50 лет, природного газа — на 67 лет, а угля — на целых два столетия. Нынешние школьники на старости лет, наверное, будут говорить о нефти и газе — нечаянных богатствах России — с той же легкой ностальгией, как мы — о «Советском Союзе», Московской Олимпиаде или «Спартаке».

Цифры и пугают, и успокаивают. Отцы и дети могут отдыхать. По кредитам общества потребления расплатятся их внуки. Вот странно только, что за последние полвека мы оперируем одними и теми же цифрами. Горизонт исчезновения «черного золота» и теперь еще далек.

Фокус тут не геологический, а экономический. Чем выше цены на ту же нефть, тем чаще в категории рентабельных переходят скважины, где еще лет десять назад добывать ее было невыгодно. Другая переменная величина в расчетах — новые технологии. К нефти можно пробиваться теперь сквозь километровые толщи камня и песка. Можно закачивать в скважину воду или пар, выдавливая из земли всю нефть до последней капли. Меняется и картина потребления сырья. Так, с тех пор как стекловолоконные световоды потеснили медную проволоку, расход меди значительно снизился, а ее запасы растянулись еще на сколько-то лет.

Так что подсчет имеющихся у нас ресурсов пусть и позволяет оценить состояние экономики, но как основной инструмент прогнозирования явно ненадежен. Текущая конъюнктура рынка может увести далеко от начертанной футурологами кривой. И всё же некоторые приблизительные выводы можно сделать и теперь, разумеется, отдельно для каждого вида сырья.

Наиболее изучено состояние нефтяных ресурсов. И здесь неутешительны уже не столько прогнозы, сколько факты. «Картина распределения месторождений нефти хорошо изучена, — отмечают эксперты, — новых крупных открытий не предвидится». Пик мировой добычи нефти, очевидно, будет достигнут до 2025 года. Далее начнется неизбежный спад и, следовательно, дефицит энергоресурсов, если человечество не найдет замены этому важнейшему топливу мировой экономики.

Тридцать три из 48 нефтедобывающих стран уже миновали этот пик —

израсходовали большую часть имевшихся у них запасов нефти. Так, количество нефти, добываемой Великобританией и Норвегией в Северном море, за последние пять лет снизилось примерно на 20%. Заметно меньше нефти добывают Индонезия и Оман. Даже в Кувейте видны первые признаки надвигающегося кризиса.

Бывший советник Белого Дома по энергетическим вопросам Мэттью Симмонс заявил, что в ближайшие годы цена на нефть может взлететь до 200-250 долларов за баррель вместо шестидесяти с лишним, к которым общество уже поневоле привыкло. С резким ростом цен на энергию вырастут и цены на продовольствие, на воду. Мы получим невероятную инфляцию. Товарооборот упадёт. К слову, при дефиците энергоносителей мы не сумеем нормально распорядиться даже имеющимися ресурсами, например, металлообработка или металлургия переживут спад, потому что эти отрасли будут испытывать энергетические трудности. Мировая экономика окажется в глубоком кризисе.

К концу XXI века опустевшие нефтяные скважины, бездействующие трубопроводы, многие-многие тысячи бесславно уничтоженных гектаров лесов и полей будут напоминать нашим потомкам о недолгом нефтяном буме, который развеялся, как сон.

Чем меньше остаётся нефти, тем привлекательнее для покупателей становится природный газ (27% его мировых запасов принадлежит России, ещё 16% — Ирану и 15% — Катару). По оценке Геологического общества США, четверть всех мировых запасов нефти и газа сосредоточено в **акватории** Северного Ледовитого океана. Объём одного лишь газового месторождения Штокмана, принадлежащего нашей стране, оценивается в 3,2 триллиона кубометров. Это одно из крупнейших месторождений в мире!

Пока, предположительно, добыто лишь 18% мировых запасов газа, и он является важным рычагом мировой политики. «Газовые войны», ведущиеся на Восточном фронте, вызывают тревогу на фронте Западном, практически лишённом подобного оружия.

Не случаен всплеск интереса в странах Европы к каменному углю. Ведь наибольшими запасами угля располагают США (27% мировых запасов) и Австралия (9%), а также Россия (17%), Китай (13%) и Индия (10%). Этих запасов хватит, по меньшей мере, на столетие.

Тревожнее обстоит дело с ураном, ещё одним источником энергии. В последние годы его потребляют почти вдвое больше, чем добывают. Пока выручают запасы, накопленные ещё во времена холодной войны. Однако атомная энергетика развивается куда быстрее, чем ожидалось. Только в Китае до 2020 года

УРОК 4

должны вступить в строй 25-30 новых реакторов. Пока добыча урана, в основном, ограничена отдельными месторождениями в Австралии (30% мировых запасов), Казахстане (18%) и Канаде (12%).

Итак, что касается нефти, газа, угля и урана, то мы хотя бы приблизительно видим, каковы запасы, которыми располагает человечество. Иначе обстоит дело с металлами и минеральными веществами: их ресурсы кажутся многим едва ли не безграничными. Изучены и даже открыты еще далеко не все мировые месторождения металлов. Целый континент — Антарктида — пока объявлен заповедной зоной.

Однако проблемы очевидны и здесь. Месторождения металлов сосредоточены, прежде всего, в «трех А»: Австралии, Африке и Андах. 30% всех известных запасов меди принадлежит Чили; около половины всей железной руды поставляется Бразилией. Запад давно из простого потребителя чужих ресурсов превратился в богатого нахлебника мирового рынка.

Гораздо сложнее положение на рынке редких металлов. Например, три четверти всей мировой потребности в ниобии — необычайно жаростойком металле, используемом при изготовлении трубопроводов и турбин, — покрывается за счет одного-единственного бразильского рудника Аракса. 98% всей платины добывается в четырех рудниках, причем на долю одного из них — в Южной Африке — приходится 66% всей потребляемой в мире платины.

Таким образом, весь мир, все мировое благополучие зависят от считаного числа рудников. Были времена, когда цены на сырье оставались относительно низкими и добывающие компании не расширяли объем производства, не вкладывали средства в новое оборудование и технологии, в транспортные коммуникации, и теперь они едва успевают поставлять на рынок требуемое количество сырья.

В связи с этим возрастает роль рециклинга (переработки). Тем более что расходы на переплавку металлолома ниже, чем на производство стали из свежедобытой руды. Так, в Германии почти половина всей стали выплавляется из металлолома. Например, из 535 килограммов (в среднем) стальных деталей, содержащихся в автомобиле, 240 килограммов — это, по статистике, вторичное сырье. Уровень рециклинга меди еще выше — 80% (недаром скупка цветных металлов стала таким популярным бизнесом). Конструкторы нового «Боинга-787» и вовсе изготовили его корпус не из русского или сибирского алюминия, а из более экономичного углеродного волокна и стеклопластика.

С нефтью, газом или углем такой фокус невозможен. В пустую канистру не соберешь несколько литров бензиновых паров. Одно слово — невозобновляемые ресурсы. Нашим потомкам придется волей-неволей приучаться жить «без всего».

Самое страшное, что все наше производство основано на использовании ископаемых источников энергии — исчезающего вида ресурсов. Все-все-все основано на этом. За каждой калорией, съедаемой нами за столом, скрывается десяток калорий этой энергии: удобрения, топливо для трактора, для промышленной переработки сырья.

Все чаще надежды специалистов обращаются к другим, возобновляемым источникам энергии. В 2050 году примерно половина всей мировой потребности в энергии будет покрываться за счет их использования. Это и биомасса, органические вещества (от навоза до соломы), из которых изготавливают синтетическое топливо, и гидроресурсы, и геотермальные ресурсы, и, наконец, солнечная энергия.

Власти Швеции, например, хотят к 2020 году обходиться без импортной нефти, заменив ее биологическим топливом, производимым из пшеницы и древесины. На другом конце мира, в Бразилии, стремительно расширяются плантации сахарного тростника — из него производят этанол. Страна тоже взяла курс на полный отказ от импорта энергоносителей. Уже сейчас около 40% своей потребности в топливе Бразилия покрывает за счет биоэтанола.

Но эти примеры единичны. Мировая экономика стремительно развивается и, по мнению экспертов, все больше напоминает колосса на глиняных ногах. Кризис мирового сырьевого рынка может обернуться крахом для азиатских сверхдержав — Китая, Индии и Японии.

Доля импорта природных ресурсов Японией достигает 80%. Индия, чьи темпы экономического роста в последние годы приближаются к 10%, зависит от импорта природного газа на 50%, а нефти, в том числе иранской, — на 70%. И именно сейчас, когда «век нефти» близится к закату, Индия стремительно наращивает ее потребление.

Еще недавно — в 1996 году — Китай экспортировал сырую нефть. В 2005 году уже половину своей потребности в нефти страна покрывала за счет импорта. В 2010 году, по прогнозам, одни лишь китайские автомобилисты израсходуют 138 миллионов тонн нефти — больше, чем вся Германия в целом. Уже сейчас по уровню потребления энергии Китай занимает второе место в мире, уступая лишь США. КНР потребляет ее почти столько же, сколько все страны Европейского Союза, вместе взятые.

По оценкам экспертов, количество автомобилей, мотоциклов и мопедов в Китае в ближайшие 15 лет возрастет в пять раз — и соответственно увеличится расход энергии, то есть нефти. Но и это еще не предел. Если бы жители в развивающихся странах хотели жить так, как средние американцы, им пришлось бы увеличить энергозатраты в несколько раз!

В Китае стремительно растет и спрос на медь, используемую для строительства новых линий электропередач. Так, в том же 2005 году страна израсходовала на 10% больше меди, чем год назад. Это неизбежно ведет к росту мировых цен на этот металл. То же касается олова, алюминия и особенно стали. Всего за пять лет, в 2001-2005 годах, спрос на сталь вырос в Китае вдвое.

Испытывая огромную потребность в сырьевых ресурсах, Китай становится одним из крупнейших мировых инвесторов, вкладывая средства в добывающие отрасли многих стран третьего мира.

Говоря о внешнеэкономической политике Китая, обозреватель немецкого журнала «Spiegel» прибег к такому сравнению: «Похоже, Вашингтон и Пекин взяли курс на столкновение — эти два гигантских танкера мчатся на полном ходу навстречу друг другу, и ни один из них не хочет изменить направление или хотя бы скорость». По словам одного из американских экспертов, «сейчас просто немыслим сценарий, который не вел бы к конфронтации между США и Китаем в энергетических вопросах».

Проблемы не решаются: их оставляют наследникам, преемникам, следующим кандидатам в президенты, новому составу парламента. Маховик потребления раскручивается все быстрее. Еще недавно многие видели один из выходов в миниатюризации бытовой техники: на смену, например, вычислительным машинам, занимавшим целые комнаты, пришли ноутбуки и мобильные телефоны, которые уместятся на ладони. Однако ЭВМ были товаром штучным, а популярную бытовую технику продают миллионами штук. К тому же срок службы новой техники стремительно сократился. Модели двух-трехлетней давности считаются абсолютно устаревшими и почти повсеместно заменяются новыми. То же касается и другой бытовой техники, в том числе автомобилей.

Мы неудержимо расходуем запасы полезных ископаемых как раз в то время, когда осознали, что они скоро иссякнут. Мы словно пустились пировать ввиду надвигающегося голода и в этом разгуле, не церемонясь, бросаем наземь, топчем, портим большую часть продуктов, словно спеша все надкусить, все попробовать. Безжалостные и равнодушные к современникам, мы тем более равнодушны к потомкам. Мы давно вынесли себя за пределы осевого христианского времени, и ни одна заповедь нас не укорит. Мы свободны, и каждый из нас имеет право

потреблять все, что он захочет. Мы потребляем — значит, мы живем. Время пока есть...

Пояснения к тексту

1. **Пусть венцом современной экономики являются цифровые технологии и наукоемкие производства...** Несмотря на то, что венцом современной экономики являются цифровые технологии и наукоемкие производства...

2. **Встарь** — в старину или давным-давно.

3. **Когда мир начнет задыхаться от глобального дефицита сырья?** Когда весь мир начнет испытывать серьезные трудности из-за недостатка сырья?

4. **Апокалипсический (апокалиптический)** — от слова «апокалипсис» (религиозное слово, означающее «конец света»). В тексте данное слово употр. в значении «мрачный, пессимистический».

5. **Пустить по ветру** — фразеологизм, который означает «истратить зря, впустую». Нельзя пустить деньги на ветер, ведь каждую копейку я зарабатываю с трудом.

6. **Ностальгия** — тоска по родине, а также вообще тоска по прошлому (книжн.).

7. **Горизонт исчезновения «черного золота» и теперь еще далек.** Пока «черного золота» достаточно, и еще долго будет достаточно.

8. **Текущая конъюнктура рынка может увести далеко от начертанной футурологами кривой.** Обстоятельства на рынке могут изменить прогнозы специалистов.

9. **Эксперт** — от англ. слова expert, специалист.

10. **Акватория** — поверхность водного пространства, водоема, водный участок.

11. **Вступить в строй** — начать действовать. Завод вступил в строй.

12. **Рециклинг** — от англ. слова recycle, рециклирование, т. е. переработка, повторное использование чего-н.

13. **Исчезающего вида ресурсы** — ресурсы исчезающего вида.

УРОК 4

Задания

I. Ответьте на вопросы по содержанию текста.

1. Как изменился спрос на сырьё за последние 5 лет? Почему это произошло?
2. От чего, на взгляд автора, зависит судьба мировой экономики?
3. Какие четыре ископаемых источника энергии названы в статье? Какой из них, по данным автора, является «важным рычагом мировой политики» и будет наиболее активно использоваться в дальнейшем?
4. Почему Запад, по мнению автора, «давно превратился из простого потребителя чужих ресурсов в богатого нахлебника мирового рынка»?
5. Как вы понимаете значение слова «рециклинг»? Какие примеры рециклинга приводятся в статье? Приведите свои примеры рециклинга.
6. Что относится к возобновляемым источникам энергии? Основываясь на данных текста, приведите примеры их использования в разных странах.
7. Что означает выражение «колосс на глиняных ногах»? Почему эксперты сравнивают мировую экономику с колоссом на глиняных ногах?
8. Почему обозреватель немецкого журнала «Spiegel» прибег к такому сравнению: «Вашингтон и Пекин взяли курс на столкновение — эти два гигантских танкера мчатся на полном ходу навстречу друг другу, и ни один из них не хочет изменить направление или хотя бы скорость»? Прокомментируйте данное высказывание, выразите своё мнение о ситуации, которая вызвала данное сравнение.

II. Найдите в тексте географические названия и коротко изложите, что вы знаете об этих топонимах.

Образец: Бразилия. Бразилия — это страна, которая находится в южной Америке и богата водными ресурсами...

III. Какие химические элементы упоминаются в тексте? Изложите своими словами, как они применяются в повседневной жизни.

Образец: уран. Уран — это необходимый элемент для атомной электростанции. Его слишком мало в природе...

IV. Прочитайте предложения. Предложите свои методы выхода из сырьевого кризиса.

1. Темпы потребления сырья стремительно нарастают.
2. Все больше людей полагает, что в ближайшие десятилетия начнется ожесточенный передел рынка сырьевых ресурсов.
3. Пик мировой добычи нефти, очевидно, будет достигнут до 2025 года.
4. Расходы на переплавку металлолома ниже, чем на производство стали из свежедобытой руды.
5. Кризис мирового сырьевого рынка может обернуться крахом для азиатских сверхдержав — Китая, Индии и Японии.
6. Проблемы не решаются: их оставляют наследникам, преемникам, следующим кандидатам в президенты, новому составу парламента.

V. Вместо точек вставьте нужный глагол в нужной форме.

А. нарастать / нарасти — зарастать / зарасти — вырастать / вырасти

1. Какая-то еще неясная мне самой тоска все более и более _____ в моем сердце.
2. Были бы кости — мясо _____ (посл.).
3. Все лицо вошедшего человека _____ бородой. На вид ему можно дать 50 лет с лишним.
4. Где-то стороной пролегла другая дорога, которая уже стала _____ .
5. В болезни его наступил перелом, раны быстро _____ .
6. Она _____ на голову выше своего брата.
7. Шесть лет, нет, больше, восемь лет я его не видела. Как он _____ , похорошел с тех пор.
8. Эти молодые деревья вокруг школы _____ очень быстро.

Б. задыхаться / задохнуться — передыхать / передохнуть — дышать

1. Тебе известно, что мать живет, _____ только тобой.
2. Иван поднялся на третий этаж, _____ то ли от слабости, то ли от волнения.
3. Этот человек спит сидя, так как в лежачем положении он _____ .
4. Ее грудь _____ ровно, поднималась и опускалась.
5. _____ , мы отправились в путь.
6. Эти девушки сели у дороги _____ , наверно, они в самом деле устали.
7. Мы стояли близко друг к другу, я могла даже почувствовать, как он на меня

УРОК 4

_____ .

8. Он чуть не _____ в дыму.

VI. Сделайте устное сообщение по следующим тезисам (докажите или опровергните их, используя информацию из текста и других источников).

1. Один из главных кризисов XXI века — дефицит полезных ископаемых.
2. Горизонт исчезновения «черного золота» и теперь еще далек.
3. Весь мир, все мировое благополучие зависят от считаного числа рудников.
4. В настоящее время возрастает роль рециклинга.
5. Возобновляемые источники энергии — спасение от энергетического кризиса.
6. Мировая экономика — колосс на глиняных ногах.
7. Китай становится одним из крупнейших мировых инвесторов в добывающие отрасли многих стран третьего мира.

VII. Темы для дискуссии.

1. Трагедия человечества и разграбление земных ресурсов.
2. Туманное будущее человечества в конце XXI века.
3. Жизнь без полезных ископаемых.
4. Гармоничное развитие человечества и обеспечение его энергией.
5. Кризис водных ресурсов.
6. Парниковый эффект и будущее Земли.

VIII. Прочитайте текст и выполните задания.

За все платит природа?

Веками кладовая природы казалась нам неисчерпаемой. Мы привыкли брать сырья, сколько хотим, и распоряжаться им, как угодно. Вот лишь некоторые цифры.

На производство и сбыт обычных джинсов (их вес — около 600 граммов) уходит 32 килограмма различных материалов, а также 8000 литров воды.

На изготовление золотого обручального кольца (вес — всего 5 граммов) нужно затратить 2000 килограммов различных материалов. Если бы мы, заключая браки, обменивались стальными колечками, то семейные союзы вряд ли стали бы прочнее, зато свадебный ритуал оказался бы гораздо экологичнее, ведь на изготовление стального кольца уходит не более 6,5 килограммов материалов.

Наша техногенная цивилизация крайне расточительна. По данным Американской национальной инженерной академии, около 93% сырья, израсходованного в США, никогда не превратится в товар. Кроме того, почти 80% всех продаваемых товаров — одноразового употребления. За год каждый европеец расходует в среднем 80 тысяч килограммов ресурсов, или 220 килограммов в сутки. Большинство жителей Земли бедны, так что беречь существующие полезные ископаемые необходимо.

Задание 1. Переведите текст на китайский язык.

Задание 2. Пользуясь информацией в тексте, расскажите (напишите), почему человек должен дорожить имеющимися на Земле ресурсами и сэкономить их.

УРОК 5

ГОРОД, КОТОРОГО НЕТ

Дмитрий Фатеев

Реальные города живут своей жизнью: рождаются по воле человека, умирают вне зависимости от его воли. И трудно сказать, подчинен ли город человеку или человек подчинен городу. Но есть города бессмертные: созданные однажды воображением одного человека, такие города продолжают жить, пережив своего создателя, — не изменяющиеся, великолепные, поражающие... Город Солнца Томмазо Кампанеллы уже отметил свое 400-летие. В Солнечном городе, который придумал Николай Носов, до сих пор живут веселые маленькие человечки.

Устройство таких воображаемых поселений всегда тщательно продумывалось. Если мыслители прошлого больше внимания обращали на социальный аспект, то прожектеры нового времени до мелочей разрабатывают архитектурный облик поселений. О коммунальных деталях впервые задумался Томас Мор. В своей знаменитой книге «Утопия» он коснулся бытовой жизни города-острова: «Утопийцы едят и пьют в сосудах из глины и стекла... А из золота и серебра повсюду, не только в общественных дворцах, но и в частных жилищах, они делают ночные горшки и всякую подобную посуду для самых грязных надобностей».

В конце 20-х годов прошлого века проекты городов будущего разрабатывались и советскими архитекторами. Один из таких проектов был разработан видным членом ВКП(б) и функционером А. Зеленко.

«Сейчас же за площадью начинается покрывающий весь город большой зеленый парк. Аллеи могут представлять красивые изогнутые дуги. По борту аллеей будут тянуться деревья, рядом с ними изовьются велосипедные дорожки, потом опять деревья, и только тогда уже начнется тротуар. Зеленые лужайки будут отделять тротуар от крупных домов, прорезанных большими стеклянными площадями своих окон и террас. На крышах этих домов будут тянуться плоские веранды, украшенные цветами, беседками для тени. Дома будут окрашены в светлые радостные цвета: белые, розовые, синие, красные, не мрачно серые и черные, но подобранные гармонично по своим красочным сочетаниям.

Войдя в дом, вы увидите большой вестибюль, из которого направо и налево идут умывальные комнаты, души, физкультурные залы, где усталый человек, придя с работы, может умыться, переодеться, повесить свое рабочее платье в особый шкафчик. Прямо от входа расположена приемная со справочным бюро, киоском для продажи мелких вещей, парикмахерской, комнатой для чистки сапог, для починки и чистки платья. Тут же в ряде больших ниш поставлена удобная мебель, где группы живущих встречаются друг с другом или принимают своих гостей, где «гостеприимная комиссия» дома примет и приезжих гостей. Дальше идут комнаты для культурного времяпрепровождения. Тут должны быть бильярдные, шахматные, фотографические, музыкальные и другие возможные комнаты для разных кружков. Комнаты побольше, где можно собираться для обсуждения вопросов или проводить сыгровки и спевки, мастерские для любителей фото, радио, электротехники, шитья и рукоделия, которые своими продуктами обслуживают запросы всего дома, показывая свое искусство.

Легкий переход идущих по верху летящих арок, дающих проходы в парк, — и вы в большой столовой, построенной по типу американских кафетериев. Здесь за длинным прилавком стоят в судках или на электрических грелках всевозможные кушанья, которые можно брать самыми небольшими порциями. За столовой, верандами, выходящими на плоскую крышу, расположена читальня. Она имеет небольшой запас книг, но можно вытребовать по телефону любую книгу из центральной библиотеки. Выше потянутся части дома, где расположены небольшие комнатки для каждого жителя. В такой комнатке на небольшом пространстве должно быть устроено очень удобно и компактно все, что нужно для отдельного жителя комнаты: его кровать или диван, ниша-шкаф для платья и других вещей, хороший стол для занятий, пара удобных стульев, полочки для книг, место для картин и цветов и, если возможно, выход на балкон. Такая комната займет 7-9 кв. метров.

А где же будут магазины или, как мы теперь их называем, распределители? Часть их, снабжающая необходимыми мелочами, будет непосредственно в жилых комнатах. Пищевые продукты будут распределяться в столовых, а продукты всякого другого рода будут помещены в магазинах, устроенных в первых этажах общественных домов, на центральной площади города.

Остается только сказать несколько слов о заботах города о самом себе, иначе — о его коммунальных службах. Хорошие улицы, освещение, водопровод,

УРОК 5

канализация, отопление домов теплой водой с производства, пожарное депо, организация питания, постройка купален — все это будет делом города, вернее, его жителей. И если мы хотим, чтобы в новом городе не было холодно, голодно, неуютно, неудобно, грязно, скучно, нездорово, утомительно, раздражительно, одиноко, душно, то нужно, чтобы все жители города создали бригады, заботящиеся, чтобы всех перечисленных неприятностей на деле не было. Для этого их надо подготовить к такой работе; свободного времени для такого нужного дела хватит, ибо машина в значительной степени сильно заменит труд человека».

Что сбылось и что не сбылось, читатель может судить сам.

Пояснения к тексту

1. **Томмазо Кампанелла** — Томмазо Кампанелла (Tommaso Campanella), философ, поэт и политический деятель; родился в 1568 году в небольшом итальянском городке Стило в семье бедняка-сапожника, умер в 1639 году. Всю жизнь боролся за независимость Италии. Главная его идея выразилась в книге «Город Солнца», которую он написал в тюрьме. Город Солнца, который находится на некоем прекрасном острове, где все люди с радостью трудятся и учатся, символизирует идеал и стремление поэта.

2. **Носов Н. Н.** (1908—1976) — детский писатель, автор сказки «Незнайка в Солнечном городе» и многих других произведений для детей.

3. **Прожектер** — человек, который занимается прожектерством, т. е. составляет несбыточные, нереальные планы; фантазер.

4. **Томас Мор** — Томас Мор (Thomas More, 1478—1535) — один из родоначальников английского гуманизма эпохи Возрождения, писатель и государственный деятель, автор «Утопии» (1516), в которой описывается государство, основанное на коммунистических началах. Он казнен королем Генрихом VIII за сопротивление деспотической политике.

5. **ВКП(б)** — Всесоюзная Коммунистическая партия (большевиков) (1925—1952 гг).

6. **Времяпрепровождение** — способ проводить время. Я не одобряю пустого, бессмысленного времяпрепровождения.

7. **Арка** — дугообразное перекрытие проема в стене или пролета между двумя опорами.

8. **Кафетерий** — от испан. слова cafeteria, кафе с самообслуживанием.
9. **На деле** — на самом деле.

Задания

I. *Ответьте на вопросы по содержанию текста.*
  1. Какие города автор называет бессмертными? Приведите примеры из текста.
  2. Что вы узнали о быте Утопии, города-острова из книги Томаса Мора?
  3. Как устроен город будущего А. Зеленко?
  4. Каково устройство дома в городе будущего А. Зеленко?
  5. Какова система распределения продуктов и вещей в городе будущего?
  6. Как организованы коммунальные службы в городе будущего?
  7. Что из проекта города будущего воплотилось в жизнь?
  8. Хотели бы вы жить в таком городе? Мотивируйте ваше мнение.
  9. Возможно ли построить, на ваш взгляд, город по проекту А. Зеленко в конце XXI века? Почему?

II. *Переведите следующие предложения на китайский язык. Обратите внимание на разницу в употреблении выделенных слов и словосочетаний.*
  1. Закончить дело — <u>дело</u> времени.
  2. <u>Дело</u> с проектом обстоит плохо.
  3. Через час паровоз будет <u>в деле</u>.
  4. <u>Дело</u> дошло до того, что его посадят в тюрьму, если он не скажет правды.
  5. Честное слово, я не хочу иметь <u>дела</u> с этим человеком.
  6. <u>На самом деле</u> ресурсы Земли истощатся через несколько сотен лет.
  7. Она <u>то и дело</u> покашливала.
  8. <u>Дело</u> мастера боится.
  9. Мой приятель стал нервным, плохо ест, мало спит... <u>Ясное дело</u>, с ним происходит что-то неладное.
  10. — <u>Не твое дело</u>, с кем я дружу, — отвечала я нахмурясь, — Наверно, в твоих глазах я еще зеленая девочка, но я уже могу сделать свой выбор. Главное, я его люблю.
  11. То, что раньше казалось ей страшным, удивительным, героическим <...>, теперь не трогало ее вовсе, и обыкновенно выслушав меня, она слегка потягивалась и говорила: «<u>Да, было дело под Полтавой</u>, сударь мой, было».

УРОК 5

III. Прочитайте описание города будущего А.Зеленко. Его можно разделить на 5 частей. Для каждой части выберите название и придумайте соответствующие ключевые слова.

часть 1 ———————————— Город будущего — это город-парк
часть 2 Столовая, читальня и личные помещения
часть 3 Распределители вместо магазинов
часть 4 Коммунальные службы в городе будущего
часть 5 План жилого дома в городе будущего

IV. Проведите в группе дискуссию на тему «Жизнь в городе будущего: благо или зло для людей?». Используйте аргументы, данные ниже. Приведите свои аргументы для доказательства своего мнения.

Аргументы:

1. В городе-парке благоприятная экологическая обстановка (чистый воздух, много зелени и т. д.).
2. Город-парк прекрасно спланирован, оформлен с помощью ярких светлых красок, а это создает хорошее настроение и делает жизнь людей в нем приятной и радостной.
3. В домах города есть все необходимое для жизни.
4. Все люди равны, получают поровну все необходимое для жизни.
5. Никто никому не завидует, потому что все имеют одинаковые и необходимые для жизни вещи.
6. Жизнь каждого жителя открыта для остальных, гостей принимают в общественных местах.
7. Если не хочешь работать в мастерских дома, возможно, придется делать это против желания, т. к. надо обслуживать запросы всего дома.
8. Питание только общественное — значит, не надо готовить самому, экономишь время для других дел.
9. У каждого жителя своя небольшая комната — как жить семье? Где и как воспитываются дети?
10. Постоянно принимать участие в благоустройстве и уборке города каждому жителю невозможно; людям некоторых профессий нельзя этим заниматься (например, хирургам, музыкантам).

俄语 7

V. В связи с проблемой производства «чистой» энергии (т. е. энергии, производство которой безопасно для окружающей среды) о городах будущего пишет И. Бестужев-Лада. Прочитайте текст, выполните задания А и Б.

А. Сравните города будущего А. Зеленко и И. Бестужева-Лады. Какой город, по-вашему мнению, был придуман раньше, а какой — в наши дни? Докажите примерами из текстов.

Б. Найдите сходство и различия этих городов.

Как добиться высокого жизненного комфорта, экономя энергию? Необходимо более рациональное расселение людей, отказ от крупных (тем более от сверхкрупных) городов, максимально возможное распространение сравнительно небольших поселений на 50-100 тысяч жителей. В таких городах люди могут пешком ходить на работу, в магазины, в театры. Таким образом резко сократится потребность в моторном транспорте (а это один из основных потребителей энергии и загрязнитель окружающей среды).

Но не обеднит ли это жизнь человека? Как быть с деловыми поездками, с поездками для отдыха и развлечений? Нет, не обеднит, потому что на службу человеку придет — и уже постепенно приходит — электронный комбайн (多机组合体), который сменит обычный телевизор. Этот комбайн позволит получить «эффект присутствия» на любом зрелище и сделает ненужными поездки в театр, туристические поездки, потому что все можно будет увидеть на стереотелеэкране, не вставая со своего домашнего кресла. Он же позволит прочитать любую газету, журнал, книгу любой библиотеки мира. С помощью видеофона можно будет общаться с любым партнером, «посетить» занятия в университете, принять участие в любой конференции, любом совещании, тоже не вставая с домашнего кресла.

Однако не обязательно всю жизнь сидеть у своего электронного комбайна. Существует пеший, конный, велосипедный, лыжный, парусный туризм ...

Пояснения к тексту

1. **И. Бестужев-Лада** (родился 12 января 1927, в селе Лада Пензенской губернии, ныне в составе Мордовии) — российский ученый, историк, социолог и футуролог, специалист в области социального прогнозирования и глобалис-тики. Доктор

УРОК 5

исторических наук, профессор. Заслуженный деятель науки РСФСР и РФ. Автор нескольких десятков монографий и брошюр, свыше тысячи статей в периодических изданиях, а также ряда статей («Прогнози-рование», «Про-гностика», «Футурология» и др.) в третьем издании Большой советской энциклопедии.

VI. Подготовьте и сделайте в группе устное сообщение «Каким я вижу город будущего». Ответьте на вопросы других студентов по вашему сообщению. Обсудите ваше сообщение и сообщения других студентов.

VII. Напишите сочинение на тему «Город будущего».

VIII. Обсудите в группе следующие темы.

1. Как я понимаю мир Утопии.
2. Почему невозможен город будущего А. Зеленко.
3. Эгоизм разрушит гармонию в городе А. Зеленко.
4. Если бы я был архитектором, я бы спроектировал город таким...

IX. Переведите текст на русский язык.

我宁愿住在小城里

对于城市而言,规模大小不应是最主要的指标,居住环境、居住者的实际感受和人文气息才是最主要的。欧洲的日内瓦(Женева)和维也纳(Вена)都算不上是大城市,但这些城市的知名度和文明程度却非常高。深厚的文化内涵和独特的人文景观才是城市发展的核心所在。令人遗憾的是,目前我国有很多城市都陷入追求建设"超级城市"的狂热之中,很多地方对"国际化大都市"情有独钟。无序建设的结果是破坏了当地原有的文化生态。试问,中国真需要那么多"国际化大都市"吗?

资料显示,全国一百多座历史文化名城中有相当多的城市因过分追求规模化使原有的历史风貌受到损害。正是由于越来越缺乏文化个性和人文土壤,使得很多城市陷入了千篇一律、千城一面的"窠臼",丧失了自己的特色。

或许可以认为,北京、上海和广州这样的"超级城市"不妨适当放缓扩建的脚步,让更多的中小城市有一定的发展空间,以便使更多人享受到城市化、城镇化带来的好处和便利。另外,城市发展不能以破坏当地文化为前提。宁静、安详、恬淡和从容是中小城市的注册商标,比起那些超级大都市,在这里生活也许更惬意。

УРОК 6

ГИГАНТ

(Текст в сокращении)

Фазиль Искандер

В детстве к нам летом приезжала тренироваться баскетбольная команда из Ленинграда. Она играла с нашей местной командой на баскетбольной площадке, расположенной рядом с нашим домом во дворе грузинской школы.

Я с ребятами нашей улицы часто любовался их игрой. Мне было лет десять. В ленинградской команде выделялся один баскетболист неимоверного роста. Другие баскетболисты рядом с ним казались малорослыми. Такого гиганта я никогда не видел. В сущности, мы приходили любоваться им. В его удлиненном лице было что-то лошадиное: черная челка, огромные косящие глаза, большие пухлые губы.

Если он с мячом оказывался у баскетбольной корзины противника, то он, только вытянувшись, даже не подпрыгнув, забрасывал мяч в корзину, вернее сказать, закладывал. Но он даже издалека точнее всех попадал в баскетбольную корзину. Казалось, своим гигантским ростом он укорачивал расстояние до нее. Когда он забрасывал мяч издалека, лицо его принимало звероватое выражение. Звали его дядя Юра.

Может быть, мне это кажется, но из всех наших ребят, собиравшихся там, он теплее всего относился ко мне. То ли дело в том, что я восторженнее других любовался им, то ли в том, что во время перерыва я им всем часто читал вслух гангстерские рассказы из журнала «Вокруг света». Так я начинал свою просветительскую деятельность. Рассказы принадлежали американским авторам, тем убедительней они казались. Мне представлялось, что Америка — это страна, где много машин, много негров и много гангстеров. Сейчас я думаю, что эти

УРОК 6

рассказы печатались в таком изобилии из пропагандистских соображений, вот, мол, какая жизнь в Америке, но тогда это мне в голову не приходило.

Одним словом, я был в восторге от этого гиганта. Но я мучительно замечал и другое. Иногда я его видел в городе, и довольно часто за ним увязывались пацаны, пораженные его ростом, и выкрикивали что-то насмешливое. Обычно он сдерживался, но временами это ему надоедало. Он оборачивался на них с выражением затравленности на лице и так яростно отмахивался от них рукой, что пацаны рассыпались и умолкали.

Он часто брал меня с собой на море, и я по дороге наблюдал подобные сцены. Но порой даже взрослые, увидев его, останавливались и глазели на него. Я знал, что это ему неприятно, но ничего не мог сделать.

Однажды один взрослый мужчина, остановившись, долго смотрел на него, а потом, когда мы прошли, громко сказал:

— Сколько хлеба съедает один такой человек в день!

Мне показалось, что ничего пошлее я никогда в жизни не слышал, хотя, может быть, этого слова тогда и не знал. Взглянув на дядю Юру, я не понял по выражению его лица, слышал он эти слова или нет. Со вздохом облегчения я решил, что он их не расслышал.

Только однажды он явно не рассердился. Наш мороженщик, веселый балагур Сулико, неожиданно выскочил из-за угла и, внезапно увидев дядю Юру, остановил свой гремящий на колесах голубой ящик с мороженым.

— Эй, великан, — крикнул он, — ты с какой планеты?

— Тебе там не бывать, — ответил дядя Юра. Мы шли на море.

— Что ты о нас расскажешь, когда вернешься к своим? — не унимался Сулико.

— Я скажу, что у Сулико самое плохое мороженое в мире, — ответил дядя Юра.

— Но у нас с сахаром трудности, — не растерялся Сулико, — тогда и это скажи!

Дядя Юра не ответил. Сулико загремел ящиком дальше. Возможно, они уже встречались, и дядя Юра даже покупал у него мороженое.

Иногда я его встречал в городе с ребятами из его команды. Обычно они были с девушками, но я ревниво замечал, что Юра был одиноким, у него не было девушки. Я горестно догадывался, что девушек отпугивает его неимоверный рост.

Когда баскетболисты отдыхали, лежа на траве, он иногда перекидывался с ними шутками, но почти никогда не принимал участия в общем разговоре. Он лежал или сидел, грустно покусывая травинку.

Однажды, когда они так отдыхали, на баскетбольной площадке появился известный в городе бандит.

— Вор в законе, вор в законе, — уважительно зашептали наши баскетболисты, давая знать ленинградцам, что к ним пожаловал знатный гость.

Это был человек среднего роста, очень плотный, из-под рубахи у него виднелась матросская тельняшка.

Все вскочили, кроме дяди Юры, который продолжал сидеть, обхватив колени руками. Сердце у меня сжалось от предчувствия беды.

— Здорово, ребята! — сказал бандит, подойдя к баскетболистам.

Он со всеми щедро поздоровался за руку, давая знать, что он, несмотря на свое высокое положение, не зазнался.

Здороваясь со всеми, он кинул на сидящего дядю Юру несколько суровых взглядов. Он как бы ждал, когда дядя Юра встанет, но дядя Юра не вставал. Тогда он подошел к нему и спросил:

— Так и будем сидеть?

— Так и будем, — спокойно ответил дядя Юра.

— Не уважаешь?

— Я не могу уважать человека, которого первый раз вижу.

Лицо бандита мгновенно преобразилось выражением дикого бешенства.

— Сейчас зауважаешь, сука! — прошипел он и, внезапно побледнев, вырвал из внутреннего кармана пиджака финский нож. Все замерли в ужасе.

— Вставай, сука! — крикнул он и взмахнул ножом.

И тут случилось совершенно неожиданное. Дядя Юра, продолжая сидеть, внезапно выбросил правую ногу вперед, подсек ею ногу бандита, и тот рухнул, выронив нож. Дядя Юра, продолжая сидеть, потянулся за ножом, поднял его и осторожно, чтобы не разрезать пальцы, двумя руками сломал его, легко, как карандаш. Отбросил обломки.

Бандит вскочил. Лицо его было искажено чудовищной злобой. Дядя Юра спокойно продолжал сидеть. И, кажется, именно этим спокойствием он сломил его.

— Ты у меня долго не проживешь! — крикнул бандит и стал быстро удаляться.

— А я никому не обещал долго жить, — вслед ему сказал дядя Юра.

Сколько раз позже я вспоминал эти его слова, сколько раз! Но тогда мне было не до них, я ликовал всей душой! Вот это человек!

УРОК 6

Тут загалдели все разом, особенно местные баскетболисты, всячески укоряя дядю Юру за то, что он вовремя не встал и теперь жизнь его в опасности.

— Против огнестрельного оружия я ничего не могу сделать, — сказал дядя Юра, — а нож в следующий раз отниму и воткну ему в задницу.

Прошло несколько дней. Бандит не показывался и ничего не предпринимал. Мы успокоились.

Я продолжал ходить с дядей Юрой на море. Как легко, как радостно было вышагивать рядом с ним. Хулиганы, злые бродячие собаки — все, все казалось мелочью, ерундой рядом с ним!

Дядя Юра больше всего любил море. Может быть, огромность моря делала естественной его собственную огромность. Он подолгу сидел на диком пляже, а иногда далеко-далеко заплывал. Он прекрасно плавал всеми стилями. Когда он плыл на спине, лицо его приобретало выражение блаженства. И в этом было что-то трогательное и смешное. Лицо его было такое, как будто он сам не имеет никакого отношения к работе собственных рук и ног.

Однажды, когда мы с ним сидели у воды, какая-то девушка пришла купаться. Она разделась в десяти шагах от нас и осталась в голубом купальнике. Наверное, она чем-то понравилась дяде Юре, потому что он несколько раз бросал на нее любопытные взгляды. Девушка вынула из сумочки какие-то бумажки и стала перелистывать их, видимо, стараясь найти нужную. Вдруг налетевший ветер сдунул с ее руки одну бумажку, и она, делая в воздухе дикие зигзаги, полетела в нашу сторону и рядом с нами внезапно повернула к морю. Дядя Юра неожиданно выбросил свою длинную руку вперед и поймал бумажку. Девушка все это время следила за летящей бумажкой, и, когда дядя Юра ее схватил, лицо девушки вдруг вспыхнуло, и тут я понял, что она в самом деле красивая. Она подбежала к дяде Юре, и он передал ей эту бумажку. Оказалось, что это билет на Москву.

— Спасибо, спасибо, — сказала девушка задыхающимся голосом, и лицо ее сияло благодарным светом, и навстречу ей светилось лицо дяди Юры. Никогда лицо дяди Юры так не светилось! Я понял, что они понравились друг другу. Девушка не спускала с него глаз, она глядела на него с благодарной нежностью. Даже меня обдала волна их счастья.

— Будем знакомы, — сказала она и протянула руку. Все еще сидя, дядя Юра взял ее руку и начал подниматься. Он медленно поднимался, как бы давая ей привыкать к своему росту. Через минуту громадный дядя Юра стоял рядом с тоненькой девушкой, продолжая держать ее руку в своей руке. И вдруг я увидел, что сияющее лицо девушки стало тускнеть и тускнеть. Казалось, она смущенно прячет свой испуг. Лицо дяди Юры помертвело, и он отпустил руку девушки. Она повернулась и пошла к своей одежде.

«Он хороший, хороший, дура!» — хотелось крикнуть ей вслед. Дядя Юра молча вошел в воду. Он поплыл яростным кролем. Вода бурлила за ним, как за моторной лодкой. На этот раз он особенно далеко заплыл. Когда он вернулся, девушки уже не было на берегу. Сейчас я думаю, что тогда я увидел самый ослепительный и самый короткий любовный роман в жизни. Он длился около одной минуты и кончился крахом.

Мы с дядей Юрой продолжали ходить на море. Иногда на обратном пути мы в одном и том же киоске пили газированную воду. Продавец с большим любопытством присматривался к дяде Юре и однажды не выдержал:

— Извини, друг, но я интерес имею, ты пошел в отца или в мать?

— В тетку, — довольно спокойно ответил дядя Юра и поставил опустевший стакан на стойку. Мы пошли.

— Как в тетку? — раздался за нами недоуменный голос продавца.

Дядя Юра промолчал, а я почувствовал ужасную неловкость, отчасти и за глупость земляка.

С баскетбольной площадкой граничил сад какого-то частника. Сад был огорожен колючей проволокой. По ту сторону проволоки росла мушмула. Одна ее ветка, усеянная желтыми, уже усыхающими плодами, тянулась в сторону школьного двора. Но ветка росла слишком высоко, дотянуться до нее мог только дядя Юра. Я его однажды попросил об этом. Даже он с трудом дотянулся до ветки и так ее согнул, что звездочки мушмулы запрыгали возле моих глаз. Я так любил тогда мушмулу! Я стал поспешно срывать и отправлять в рот ее плоды. Дядя Юра тоже осторожно отправил в рот мушмулу. Видно, он ее никогда не пробовал. Может, с непривычки она ему не понравилась.

— Затейливый вкус, — сказал он и выплюнул косточку.

Теперь он продолжал держать ветку только для меня.

— Дядя Юра, вы любите баскетбол? — почему-то спросил я у него. Вероятно, это было выражением тайной благодарности за то, что он с некоторым напряжением продолжал держать ветку только для меня.

— Ненавижу, — вдруг сказал он.

Я замер от удивления.

— Так зачем же вы играете?

— Ты этого не поймешь, — ответил он задумчиво, — баскетбол —

УРОК 6

единственное место, где я чувствую себя человеком.

На следующий год ленинградские баскетболисты снова приехали и тренировались на той же площадке. Но дяди Юры с ними не было.

— А где же дядя Юра? — спросил я у одного из них.

— Юра умер, — вздохнул он, — говорят, какая-то болезнь. Но, по-моему, от тоски.

Что-то обрушилось внутри меня, и в ту же секунду я почему-то подумал, что другие этого не должны заметить, это стыдно. Через несколько минут я тихо встал и ушел домой. С тех пор никогда в жизни я не интересовался баскетболом.

Пояснения к тексту

1. **Фазиль Абдулович Искандер** — прозаик, поэт. Родился в семье служащего (в 1939 отец депортирован за пределы СССР вместе с др. лицами иранского происхождения). Учился в Московском библиотечном институте, окончил Литинститут (1954, семинар Е. Долматовского). Лучшими произведениями считаются следующие: «Запретный плод» (1966), «Тринадцатый подвиг Геракла» (1966), «Защита Чика» (1983), «Сандро из Чегема» (1979) и другие.

2. **Неимоверный** — немыслимый.

3. **Гангстерский** — бандитский (от англ. слова gangster).

4. **Пацаны** — прост., мальчишки.

5. **Мне показалось, что ничего пошлее я никогда в жизни не слышал, хотя, может быть, этого слова тогда и не знал.** Мне показалось, что это самое пошлое (т. е. низкое духовно, посредственное, заурядное) замечание (мнение), которое я когда-либо слышал в жизни, хотя слова «пошлый» я тогда не знал.

6. **Униматься–уняться** — перестать что-то делать; прекратиться. Буря унялась. Как тебе не стыдно безобразничать, уймись.

7. **Вор в законе** — преступник, вор, который является членом тайной преступной организации, соблюдает ее законы и относится к элите преступного дома; лидер преступного мира.

8. **Даже меня обдала волна их счастья.** Их счастье было таким очевидным, что и я его почувствовал.

Задания

I. Ответьте на вопросы по содержанию текста.

1. Почему баскетболист Юра привлекал всеобщее внимание?
2. Какие отношения были между мальчиком и дядей Юрой и почему сложились между ними такие отношения?
3. Как относились к дяде Юре другие жители города (мальчишки, взрослые)? Как вы оцениваете их отношение к Юре?
4. Как обычно вел себя Юра перед людьми, которые смотрели на него с удивлением и любопытством?
5. Как поступил дядя Юра с бандитом? К чему вы придете, сравнив поведение Юры с поведением других баскетболистов?
6. Почему встречу дяди Юры и девушки на пляже мальчик считает «самым ослепительным и самым коротким любовным романом в жизни»? Каково ваше мнение об этой встрече?
7. Как Юра повлиял на мальчика?

II. В следующих предложениях описывается эмоциональное состояние человека. Переведите их на китайский язык.

1. Когда он забрасывал мяч издалека, лицо его принимало звероватое выражение.
2. Он оборачивался на них с выражением затравленности на лице и так яростно отмахивался от них рукой, что пацаны рассыпались и умолкали.
3. Сердце у меня сжалось от предчувствия беды.
4. Лицо бандита мгновенно преобразилось выражением дикого бешенства.
5. Лицо его было искажено чудовищной злобой.
6. Когда он плыл на спине, лицо его приобретало выражение блаженства.
7. Наверное, она чем-то понравилась дяде Юре, потому что он несколько раз бросал на нее любопытные взгляды.
8. И вдруг я увидел, что сияющее лицо девушки стало тускнеть и тускнеть.
9. Лицо девушки вдруг вспыхнуло, и тут я понял, что она в самом деле красивая.
10. Лицо дяди Юры помертвело, и он отпустил руку девушки.
11. Дядя Юра промолчал, а я почувствовал ужасную неловкость, отчасти и за глупость земляка.

УРОК 6

III. Прочитайте следующие предложения и выразите свое согласие или несогласие с помощью ДА или НЕТ. Мотивируйте свой выбор.

1. Рассказ ведется от лица взрослого человека.
2. Дядя Юра прекрасно играл в баскетбол.
3. Автор составил себе представление об Америке по газетным статьям.
4. В городе на дядю Юру не обращали внимания.
5. Дядя Юра рассердился на мороженщика и поругался с ним.
6. Дядя Юра смело и достойно вел себя с бандитом и сумел его обезвредить.
7. Дядя Юра и девушка полюбили друг друга.
8. Дядя Юра был счастлив на баскетбольной площадке и в море.
9. Автор всю жизнь интересовался баскетболом, потому что в детстве он дружил с очень высоким баскетболистом.

IV Опишите внешность или характер:

1. дяди Юры
2. бандита
3. девушки
4. мальчика-автора
5. Сулико

V. Объясните смысл фраз из текста:

1. А я никому не обещал долго жить.
2. Баскетбол — единственное место, где я чувствую себя человеком.
3. Сколько хлеба съедает один такой человек в день!
4. Что-то обрушилось внутри меня, и в ту же секунду я почему-то подумал, что другие этого не должны заметить, это стыдно.
5. И вдруг я увидел, что сияющее лицо девушки стало тускнеть и тускнеть.

VI. Переведите следующий текст на русский язык.

　　我的童年是在一个偏远的农村度过的。童年的经历可以影响人的一生。记得那时村里有一个外号叫"百科全书"的老人,他特别喜欢孩子,经常给我们讲《西游记》里的故事。而他,就是我的文学启蒙老师。上世纪六十到七十年代,农村里的文化生活非常简单,看露天电影都成了全村的大事。而在这个闭塞的村子里,老人的"西游记故事"至少对我来说,比看露天电影还过瘾。

　　如今,手机和互联网在城市相当普及,在农村也不是什么新鲜玩意。不过,我还是怀念那位智慧的老者,常常回忆他讲的故事。在他的故事中,我感受到了古典文学的魅力。这大概也是我今天成了一名作家的原因吧。

УРОК 7

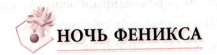

НОЧЬ ФЕНИКСА

(Текст в сокращении, адаптированный)

Татьяна Толстая

Когда возникла мода на японский, вьетнамский, китайский календари, то одни обрадовались, а другие обиделись, как будто их обозвали раз и навсегда. Неловко же получается: «Вы кто по календарю?..» — «Я — свинья». Некоторые оправдывались: «Я хоть и крыса, но моя стихия — огонь... В сущности, я феникс».

Так, конечно, наряднее. Но кто же не феникс в новогоднюю ночь? Птица феникс, знакомая всем мифологиям, — от греческой до китайской, — не умирает никогда. В разных странах, в разные времена о ней сложены бесчисленные легенды. В них она предстает то простой серой цаплей, то орлом огненного, красно-золотого цвета. Пьет она одну лишь росу, на верхушке пальмы вьет гнездо из ароматических трав, самолично ею собранных где-то на востоке. Срок ее жизни — один великий год, то есть пятьсот лет. Или тысяча. Или 1460. Или же 12954 года. Не все ли равно: когда истечет этот долгий срок, феникс забирается в свое ароматное гнездо, расправляет крылья и ждет восхода солнца. Когда оно появляется над горизонтом — такое же красно-огненное, великолепное, царственное, как и птица, — феникс зажигает сам себя и сгорает в высоком столбе пламени, превращаясь в кучку пепла. Но из пепла, через три дня восстает новый, прежний, тот же самый феникс — молодой, обновленный, золотой. Ибо он и есть солнце, вечно покидающее нас и вечно к нам возвращающееся.

Как бы то ни было, для всех нас раз в году тоже наступает ночь феникса. Наш очередной великий год истек, весь, целиком, до дна. Промелькнул ли он как один миг, или тянулся бесконечно, было ли в нем 500 ничтожных событий или 12954 важных, — все равно, это была целая жизнь, — и вот она прожита. И радостно, и страшно с ней прощаться; и так же радостно и страшно начинать жизнь новую.

Новый год — праздник обычно семейный. Вот и мы, как волшебная птица, свили свое домашнее гнездо, натаскали в него ароматов, изукрасили себя кто чем мог. Вот проносится слух: этот год надо почему-то встречать, скажем, в зеленой одежде. Зачем в зеленой, я не хочу! Неизвестно зачем, но так надо. Или хотя бы зеленую нитку навязать на запястье, а то не будет счастья! Ужас какой: счастья не будет... Срочно в поисках зеленой нитки перерываем коробку с дрянью, обрезками, пуговицами, крючками, колечками резинок, — среди полезного, или же бесполезного, но все равно любимого хлама всегда водится какая-нибудь одинокая перламутровая пуговица неземной красоты. Непонятно, что с ней делать, непонятно, откуда она взялась (но, собственно, это еще одно доказательство того, что между нами ходит кто-то невидимый, подбрасывая чудные и ненужные маленькие вещички, а в обмен навсегда уводя из-под самого носа то один носок, то одну серьгу, и обязательно все, все, все простые карандаши!)

Подойдет ли для счастья зеленое бабушкино мулине? Конечно! Тем более, что бабушка отродясь им не пользовалась, и вообще никогда не вышивала, да и не умеет, а купила его просто так, — чтоб было, чтоб валялось, чтоб попадалось под руку при перебирании ненужного, — очень правильная бабушка.

Тем временем елка украшена-переукрашена, наряжена-перенаряжена; в борьбе домашних минималистов с домашними максималистами победили, как всегда, максималисты.

Давно пора остановиться, но хочется украшать больше и больше, хотя это становится слишком ярко и блестяще, как в цирке, и даже безвкусно. Нам не нужен вкус! Мы снова дети, делаем, что хотим. Давайте вешать на елку все, что есть: мандарины, золоченые орехи, шоколадные конфеты (растают от тепла, и пусть себе тают), дождь золотой, дождь серебряный, дождь витой и дождь струящийся, свечи и лампочки, и с самого дна коробок — самые старые игрушки: золоченые кукурузные початки, и плоские, картонные, с оторванными ногами дедморозы, и просто золотые шарики из конфетной фольги. И не надо говорить о вкусе — мы празднуем смену времен, мы провожаем Великий Год, мы обновляемся, мы возрождаемся, мы начнем новую жизнь с нуля, с начала, с чистого, белоснежного, снежного листа. Свобода!

Сейчас, сейчас! Близится! Время истекает, но в ту же секунду, когда оно истечет, оно снова начнется! Разве не странно? Непостижимо? Вот сейчас все сгорит, вот сейчас все возродится!

На кухне стучат ножи, последние торопливые приготовления; овощи быстро крошатся под ножом хозяйки, и в деревянной бадье готовится тесто. В черную духовку поставят сырое, бледное нечто, чтобы через некоторое время достать великолепный, желанный, золотой или светло-коричневый дар, — пирог с мясом, овеянный чесночными ароматами, или сладкий пирог.

На хрустящей белой скатерти тесно стоят праздничные блюда. Ну же, время, проходи! Год, кончайся! Тебя ли, молодого, мы так ждали двенадцать месяцев назад? Старый, надоевший, поспеши!

Вот оно! Скорее! Ну! Начинается! Все сюда! Эй! Да! Ого! Бой, гул, крики, суета, взволнованный звон, белая пена и пляска золотых игл в счастливых бокалах, — и в наступившей тишине раскрываются ворота января и молодая новорожденная тьма дышит свежими сугробами. И над метельным миром, над накрытыми столами, над ночными тучами, над желтыми качающимися фонарями, над детскими кроватками и старушечьими сундуками, над молодыми и старыми женщинами летит время, широко раскрыв свои прозрачные глаза. И, затеплив свечи, улыбаясь будущей незримой весне, мы идем вброд через расступающуюся зиму.

Свершилось. Растерянные, мы смеемся от смущения, пытаясь осознать, что произошло. Мы умерли и воскресли. И даже этого не заметили! На наших запястьях — дурацкие зеленые нитки, словно мы запачканы дивной свежестью будущей, обещанной весны, в шампанских бокалах — игольчатый, шипучий холодок; жизнь жива, мир молод, феникс вечен.

Мой отец, неисправимый материалист, с серьезным лицом обходит стол, постукивая ножом по каждому бокалу с шампанским; посмотреть со стороны — с ума сошел. «Что это ты делаешь?» — «Так надо». Он, не верящий «ни в сон, ни в чох, ни в вороний грай», делает это каждый раз в новогоднюю ночь, все привыкли. Я знаю почему: он мне рассказал.

...Праздновали новый 1941 год и ему, молодому тогда человеку, вдруг ни с того ни с сего пришло в голову, что в этом году он умрет. Мысль была внезапной, очень отчетливой и неприятно-навязчивой. Но почему это он должен умереть? С чего? И, хотя суеверным он никогда не был, он зачем-то взял нож и легонько постучал им по всем бокалам с шампанским, — а за столом было шесть человек.

На следующий день мысль не только не пропала, но окрепла. Это было как легкое, но неотвязное сумасшествие: он боялся переходить улицу, боялся заснуть; он, физик, стал бояться электроприборов. Когда началась война, первое, о чем он

УРОК 7

подумал, было: ну, вот оно; вот и сбывается. Но время шло, а он был жив. И каждый день он говорил себе: сегодня обошлось; что будет завтра? А 31 декабря он был на военном аэродроме, ожидая рейса. Теперь он знал: самолет собьют, или же он сам упадет. И, напряженно расхаживая взад-вперед по деревянному бараку — зальчику для командированных, — понимая, что это его последние часы на этом свете, горько усмехаясь над судьбой, издевательски назначившей для казни новогоднюю ночь, он стал думать о людях, которые полетят с ним тем же рейсом. За что же их-то? Почему вместе с ним должны погибнуть вот эти парнишки, вот эти отцы семейства, вот этот усатый, ничего не подозревающий пожилой военный? И он, неверующий, стал просить кого-то — не за себя, а за них. Пожалуйста, пожалуйста, не надо. Пожалуйста, пусть как-нибудь без них. Не трогай их, пожалей, пожалуйста.

А рейс все откладывали. Они просидели всю ночь, пробило полночь, они поздравили друг друга с Новым годом и выпили военного спирта, закусив хлебушком и консервами, и желали друг другу скорого окончания войны, и победы, и любви. Настало первое утро сорок второго года, рассвело по-зимнему поздно, и отец вышел из прокуренного барака на воздух. В январском небе низко стояло солнце, а с двух сторон от него, на равном расстоянии, в туманно-розовом, игольчатом воздухе, висели, раскинувшись как крылья волшебной птицы, еще два солнца, поменьше. Отец посмотрел-посмотрел — и вдруг понял, что все отменяется. Что ему можно жить. Что никто не умрет.

А те шестеро, по чьим бокалам он постучал ножом в приступе несвойственного ему суеверия, все пережили войну, все выжили, все здравствовали до глубокой старости.

...Светает. На столе развал. Скатерть смята, и свечи погасли. Отец, старенький человек, видевший феникса, заснул в кресле. Выйдем же на цыпочках, тихо, в новое, засыпанное нетоптанным снегом утро. Никто никогда не умрет.

Пояснения к тексту

1. **Феникс** — волшебная птица, которая существует только в мифах и характеризуется бессмертием, потому что, умирая, она тут же рождается.
2. **Толстая Т. Н.** — прозаик, внучка А. Н. Толстого, «советского графа», по определению современников, и поэтессы Н. Крандиевской-Толстой. Дед по

материнской линии — переводчик и поэт М. Л. Лозинский. Окончила филологический факультет ЛГУ(отд. классической филологии). Дебют в прозе — рассказ «На золотом крыльце сидели...», дебют в критике — статья «Клеем и ножницами...». Выпустила сборники прозы «На золотом крыльце сидели», «Любишь — не любишь», «Река Оккервиль», роман «Кысь» и другие. В 1998 сотрудничала с газетой «Русский телеграф». С 1990 по 2000 жила по преимуществу в США, преподавала русскую литературу в американских университетах и колледжах. Член СП СССР с 1988 года. Была членом редколлегии журнала «Столица» (в 1991). Член редколлегии журнала «Контрапункт».

3. «Я — свинья». «Я родился в году свиньи» или «Свинья — зодиакальный знак года моего рождения».

4. Дрянь — разг. хлам, негодные вещи.

5. Неземная красота — ослепительная или удивительная красота.

6. Отродясь — отроду, слово употр. как наречие.

7. Очень правильная бабушка — очень умная бабушка.

8. Дождь — украшение для новогодней елки в виде длинных блестящих (серебристых, золотистых) нитей из тонкой бумаги, фольги, полиэтилена.

9. Не верить ни в сон, ни в чох, ни в вороний грай. Не верить ни во что.

Задания

I. Дайте развернутые ответы на вопросы по содержанию текста.

1. Чем известна птица феникс? Как вы понимаете слова автора «кто же не феникс в новогоднюю ночь?»?

2. Найдите в тексте описание коробки. Есть ли у вас дома такая коробка? Что в ней хранится?

3. Прочитайте данный отрывок: «*Подойдет ли для счастья зеленое бабушкино мулине? Конечно! Тем более, что бабушка отродясь им не пользовалась, и вообще никогда не вышивала, да и не умеет, а купила его просто так, — чтоб было, чтоб валялось, чтоб попадалось под руку при перебирании ненужного, — очень правильная бабушка*». Нравится ли автору бабушка? Как автор оценивает бабушку? Какой стилистический прием использует автор для описания бабушки? Каково ваше мнение об этой бабушке?

4. Какие два стиля (способа) украшения елки описаны в тексте?

УРОК 7

5. Как себя ведет отец автора в новогоднюю ночь? Почему он это делает?

6. Почему отец автора решил, что со всеми пассажирами обязательно случится авиационная катастрофа? Как он встретил новый, 1942-ый год?

7. Почему автор закончил рассказ фразой «Никто никогда не умрет»?

8. Докажите, что образ феникса является ключевым в рассказе. Какие значения он имеет в тексте?

II. Прочитайте пункты плана. Расставьте их по порядку в соответствии с содержанием текста.

1. 31 декабря на военном аэродроме
2. Мода на восточные календари
3. Новогодняя ночь — ночь Феникса
4. Украшение новогодней елки
5. Домашние мелочи
6. Бабушкино мулине
7. Новогодняя полночь
8. Конец новогодней ночи
9. Подготовка новогоднего стола
10. Первое утро 1942-го года
11. Предчувствие отца в новогоднюю ночь 1941-го года
12. Легенда о Фениксе

III. Перечитайте части текста, соответствующие пунктам «Предчувствие отца в новогоднюю ночь 1941 года», «31 декабря на военном аэродроме» и «Первое утро 1942 г.». Перескажите одну из них (по вашему выбору) от 1-го лица.

IV. Придумайте продолжение диалогов в соответствии с содержанием текста. Разыграйте диалоги с партнером.

1. — Вы кто по календарю?..
   — Я — «свинья». А вы?
   — _____.
   — _____.

2. — Наступающий новый год надо встречать в зеленом.
   — Но у меня нет никакой зеленой одежды!
   — Ничего, _____.

63

— _____.

3. — Давай украшать елку!

— _____! Эти шары повесим сюда, а эти — наверх... А чудный желтый шар разбился, _____!

— А куда мы повесим старые игрушки?

— _____.

4. — Скорее! Уже почти 12! Все сюда! Разливай шампанское!

— С Новым годом!

— _____!

— _____!

5. (Отец стучит ножом по бокалам с шампанским)

— Что это ты делаешь?

— _____.

V. Прочитайте новогодний тост. Какой обычай какой страны в нем упоминается? Существует ли такой обычай в Китае? Что предлагает сделать автор тоста? Согласны ли вы с его предложением и почему?

Новогодний тост

Многим известно, что в Италии существует обычай перед новым годом выбрасывать из окна хлам — старые и ненужные вещи. Мы, конечно, не в Италии, но этот обычай так хорош, что мне хотелось бы предложить вам всем выбросить из памяти, как ненужный хлам, старые обиды, ссоры, дурные поступки, зависть, злость, неблагодарность. Если мы все это сделаем, то в нашей памяти останутся только хорошие воспоминания о старом годе. Запомним его таким, и тогда наступивший новый год будет не хуже прошедшего!

VI. Выразите ваше мнение по следующим темам.

1. В сущности, каждый человек своего рода феникс, который может подняться из пепла и создать чудеса.

2. А годы проходят — все лучшие годы!

3. Как неисправимые материалисты, мы глубоко уверены, что вне человеческого тела вовсе не существует духа, и поэтому мы больше ценим жизнь

в настоящее время.

4. Мода на китайский календарь показывает популярность китайской культуры в мире.

VII. Переведите предложения на китайский язык. Составьте свои предложения с выделенными выражениями.

1. **Не все ли равно:** когда истечет этот долгий срок, феникс забирается в свое ароматное гнездо, расправляет крылья и ждет восхода солнца.

2. Вот и мы, как волшебная птица, свили свое домашнее гнездо, натаскали в него ароматов, изукрасили себя **кто чем мог.**

3. **Вот проносится слух:** этот год надо почему-то встречать, скажем, в зеленой одежде.

4. Тем временем елка **украшена–переукрашена, наряжена–перенаряжена**; в борьбе домашних минималистов с домашними максималистами победили, как всегда, максималисты.

5. И, затеплив свечи, **улыбаясь будущей незримой весне**, мы идем вброд через расступающуюся зиму.

6. Мой отец, неисправимый материалист, **с серьезным лицом** обходит стол, постукивая ножом по каждому бокалу с шампанским; посмотреть со стороны — с ума сошел.

7. **В январском небе низко стояло солнце**, а с двух сторон от него, на равном расстоянии, в туманно-розовом, игольчатом воздухе, висели, раскинувшись как крылья волшебной птицы, еще два солнца, поменьше.

8. Выйдем же **на цыпочках**, тихо, в новое, засыпанное нетоптанным снегом утро.

VIII. Перескажите содержание текста по следующему плану.

1. Значение зодиакального знака года.
2. Феникс как волшебная птица.
3. Украшение квартиры перед Новым годом.
4. Истечение времени и предчувствие смерти.

IX. Составьте предложения с междометиями «ого», «ну», «ай-ай-ай», «ага», «ой», «фу-ты», «ш-ш», «господи», «эй». Обратите внимание на различия в их употреблении.

X. Переведите следующий текст на русский язык.

外国人过中国节

每年这个时候，哈尔滨的年味就会在全城弥漫。随着中国文化在世界上越来越普及，春节已经不仅仅是中国人自己的节日了。或许可以说，春节正在成为或已经成为在华外国人的盛大节日。

融入春节的气息，才能感受中国的文化。在黑龙江大学学汉语的乌克兰女孩娜塔莎非常喜欢中国的春节。她告诉我："我感觉中国人过春节就像乌克兰人过圣诞节一样，人们在节日前好几天就开始准备了。我觉得，中国春节时挂的红灯笼就像圣诞节上的圣诞树一样，如果缺了，那节日的快乐就会打折扣。"娜塔莎说，她以前没在中国过春节，今年她打算到中国同学家里体验一下。

在哈尔滨生活了近五年的俄罗斯女孩卡捷琳娜对中国的春联十分感兴趣。她认为春联里的每个字都浓缩了中国人对美好明天的向往。她还和从事书法教育的朋友学习书法。她的作品在留学生中小有名气。由于在哈尔滨生活多年，卡捷琳娜对中国春节的理解比许多外国人深刻。如今，她已经会做很多道中国菜，而且味道十分正宗。

УРОК 8

ЧУЖИЕ

Любовь Борусяк

Жизнь в Москве долгое время отличалась от жизни в других городах и регионах, что обычно вызывало негативное отношение к москвичам. Москвичи воспринимали это как обидную несправедливость, но особой ответной агрессии не выказывали. Возможности миграции были строго ограничены пропиской и другими обстоятельствами советской жизни, поэтому не возникало ощущения опасности захвата тех преимуществ, которыми москвичи обладали.

В девяностые годы прошлого века различия в уровне жизни еще больше усилились. Общим местом стало представление о том, что нормально жить можно только в Москве: здесь сконцентрированы огромные денежные средства, есть работа, город растет и строится, а не рушится и не приходит в упадок, как «все остальные». Не важно, насколько это соответствует действительности: как москвичи, так и жители других мест проверить это представление на истинность или ложность не могли и не хотели.

Концентрация ресурсов в одном городе, каким бы большим он ни был, вызывает рост местного патриотизма и ксенофобии. В какой-то степени это касается и других крупных городов, жизнь в которых, по общему мнению, лучше, чем в малых городах и сельской местности.

Однако для формирования крупного сообщества таких простых оснований, как «лучшая жизнь», явно недостаточно. Именно ксенофобия привнесла необходимые дополнительные смыслы, сыграв важную роль в том, что молодые москвичи стали ощущать свою общность как носители особых, «элитарных» столичных ценностей.

В массовом сознании ксенофобия представляется воплощением патриотизма. Нам кажется, что сейчас в стране реально сложилась ситуация, когда можно вполне официально сформулировать национальную идею как идею патриотическую, а универсальный интегратор — граница между «своими» и «чужими» — уже

проложен.

Для эмпирической проверки этих соображений в 2004 году мы провели небольшой «пилотажный» опрос московской молодежи 15—22 лет, в котором приняли участие 200 человек, в основном, студенты московских вузов и школьники. Их слишком мало, чтобы судить о всей столичной молодежи, но результаты достаточно четко характеризуют старшеклассников (ученики 10—11-ых классов одной центральной и двух окраинных школ) и студентов (в разных долях среди них были представлены студенты гуманитарного, экономического и технического профилей). Наши собеседники не относились к «группе риска» — в подавляющем большинстве они были из полных, благополучных, образованных и довольно обеспеченных семей; почти все они были русскими. Те, кто родился в Москве и кого мы условно будем называть «коренными москвичами», составили 67% опрошенных. Остальные — «приезжие», в основном студенты, которые прожили в столице меньше пяти лет.

Для участников опроса столица Москва — некий дефицитный, высокостатусный, экономический, культурный ресурс. Они высоко его ценят и считают, если ты родился в столице, то по праву рождения наделен дополнительными правами, которые не могут справедливо распределяться никаким иным образом. Напротив, для приезжих характерен достижительный подход. Они не сомневаются, что столица — мощный ресурс возможностей, не сомневаются и в том, что на него имеют право москвичи. Но, по их мнению, такое право можно заслужить, и поступление в московский вуз — первый шаг к этому.

Как показал опрос, московская молодежь абсолютно толерантна к своим русским ровесникам из других регионов до тех пор, пока те не покушаются на их права; проблемы начинаются в тот момент, когда они приезжают в Москву и вступают в конкуренцию с коренными москвичами. Четкий пример — отношение москвичей и приезжих к единому государственному экзамену (ЕГЭ), который облегчает возможность приезжим учиться в Москве. Внутреннее напряжение москвичей в связи с этим обстоятельством проявилось в ответах студентов, особенно самых престижных вузов:

«У нас упрощается поступление для иногородних, а должно, наоборот, усложняться. И при приеме на работу преимущества всегда должны иметь москвичи». «Они приезжают и занимают наши места в лучших институтах, и им для этого делать ничего не надо — ЕГЭ».

В расчет не принимается, что для поступления в московский институт нужно получить исключительно высокую оценку по профильным предметам, что приезжие

УРОК 8

— прекрасно подготовленные абитуриенты.

Кого можно считать настоящим москвичом? Для москвичей это уроженец города, для приезжих главное — национальность, это «русский человек, проживающий в Москве». Москвичи давали этот ответ вдвое реже. Немалая часть опрошенных полагает, что нерусский человек вообще не может быть москвичом: такой ответ выбрали 42%, причем почти поровну москвичи и приезжие.

Подавляющее большинство москвичей отказываются считать, что миграция в Москву — явление положительное. С ними согласны 70% приезжих: они полагают, что как русские люди имеют право наравне с коренными москвичами находиться в столице, но отказывают в этом праве нерусским. Интересно, как «оправдывают» свое пребывание в городе некоторые нерусские студенты: один удмурт дописал в анкете, что «в Москву могут приезжать представители тех национальностей, которые проживают в России больше 100 лет.

Появление в Москве большого количества людей других национальностей (в массовом сознании это прежде всего кавказцы) представляет угрозу для москвичей тем, что «русским становится страшно жить в родном городе», и «русские перестают чувствовать себя хозяевами в родном городе». У иногородних второе место занял вариант «город становится грязным» (они, очевидно, и сами не чувствуют себя здесь хозяевами).

Лишь немногие увидели в притоке в Москву мигрантов и нечто положительное. Однако из одной такой анкеты в другую варьируется одно и то же: люди могут приезжать в Москву, если они полезны и без них не удается обойтись. Но полезными они могут быть в столице при условии низких притязаний. Вот типичные высказывания:

«Дешевая рабочая сила нужна городу». «Никто из москвичей не идет на такую низкопробную работу». «Приток людей из регионов заполняет дыры в трудовых резервах — чернорабочие, грузчики, дворники».

Приезжие русские высказывались по-иному, стремясь доказать, что они нужны городу:

«Город отбирает лучшее». «Динамика, обновление городской жизни». «Конкуренция — положительное явление». «Приезжают люди, полезные городу».

Неожиданно мнение некоторых опрошенных, считающих, что именно из-за приезжих москвичи становятся хуже, теряют доброту и терпимость: «мы их не любим», из-за них «мы становимся раздражительными», «появляется всеобщая враждебность, недоброжелательность» и, наконец, «они портят москвичей своим существованием».

Основные свойства этих людей — «наглость», «некультурное поведение» и «грязь».

На вопрос: «Скажите, пожалуйста, представителей каких национальностей вы не хотели бы видеть в Москве?» — не последовало протестов, а 76% опрошенных сделали свои конкретные предложения, причем некоторые составили целые списки. Абсолютное большинство студентов и школьников, принявших участие в опросе, оценивают свой статус как достаточный, чтобы принимать решения о праве других людей жить в Москве. Чаще всего предлагали «очистить Москву от всех кавказцев» (46%) — это «открытые», актуальные враги, затмевающие всех остальных — традиционные в этой роли цыгане и евреи отошли на второй план.

Почти половина опрошенных полностью поддержала лозунг «Россия — для русских». Значит, в общественном сознании такая точка зрения уже не маргинальна и ее можно теперь не стыдиться.

Отвечать на вопрос, как он понимает патриотизм, кто как мог. Но большинство ответов стереотипно:

«Патриот — это человек, который любит и готов умереть за березку, которая растет на необъятных просторах твоей любимой Родины». «Все, что я имею (знания, любовь), должно принадлежать моей Родине» (хотя абсолютное большинство отвечавших не отличалось большой грамотностью, это слово все, как один, писали с большой буквы). Патриотизм — это «стремление работать, творить, мыслить на благо Родины»; «это когда ты хочешь, чтобы другие государства боялись России и, конечно, служба в армии».

О существовании экстремистских группировок (скинхеды и подобные) наслышаны все; положительно к их действиям относятся 18%, отрицательно — 70%. Но многие готовы найти им оправдание: «эти приезжие ведут себя так, что вызывают ненависть у многих русских».

Можно сказать, что на национальную идею существовал заказ не только «сверху», но и «снизу». Выработать национальную идею не удалось по объективным причинам: ее нельзя придумать, спустить сверху. А пока растет ксенофобия, не встречая никакого отпора со стороны государства.

УРОК 8

Пояснения к тексту

1. **Жизнь в Москве долгое время отличалась от жизни в других городах и регионах, что обычно вызывало негативное отношение к москвичам.** В этом предложении «что» выполняет функцию указательного местоимения «это», которое указывает на вышесказанное содержание. Например: Путешествие наше совершилось благополучно, о чем вам и сообщаем (об этом вам и сообщаем).

2. **Денежные средства** — то же, что и капитал.

3. **Город растет и строится, а не рушится и не приходит в упадок, как «все остальные».** Город (столица) развивается, процветает, а другие (провинциальные) города не развиваются, находятся в упадке.

4. **Ксенофобия** — А. Болезненный, навязчивый страх перед незнакомыми лицами. Б. Ненависть, нетерпимость к чему-н. чужому, незнакомому, иностранному. От англ. слова xenophobic.

5. **Пилотажный опрос** — экспериментательный опрос.

6. **Толерантный** — снисходительный, терпимый.

7. **Вступать в конкуренцию с кем–чем** — соперничать, соревноваться с кем-чем.

8. **Абитуриент(ка)** — А. Выпускник средней школы; Б. Человек, поступающий в высшее или специальное учебное заведение.

9. **Варьироваться** — 1 и 2 л. не употр. (книжн.). То же, что и видоизменяться. Например: Я не знаю, где должна звучать музыка во время спектакля... Это может варьироваться в зависимости от пьесы, от общего характера спектакля.

10. **Экстремистский** — приверженный к крайним взглядам и мерам (обычно в политике). От англ. слова extreme.

11. **Скинхеды (скинхедс)** — От англ. слова skinhead, член новой нацистской организации, неонацисты, «бритые головы». Русские скинхеды часто нападают на иностранцев (обычно на иностранцев восточного происхождения и чернокожих).

Задания

I. Дайте развернутые ответы на вопросы по тексту.

1. Почему в советское время нелегко было переехать жить в Москву?
2. К чему ведет концентрация ресурсов в одном городе?
3. Каким образом связаны между собой местный патриотизм и ксенофобия?
4. Как и почему меняется отношение московской молодежи к ее сверстникам из других регионов?
5. Кого, по мнению участников опроса, можно считать «настоящим москвичом»?
6. Как большинство москвичей смотрят на миграцию?
7. Оцените мнения опрошенных о патриотизме. С чем вы согласны, с чем не согласны? Почему?

II. Переведите предложения на китайский язык и составьте аналогичные предложения с выделенными словами или словосочетаниями.

1. Каждое известие о судьбе сына она <u>воспринимала</u> с затаенной тревогой.
2. Экономический <u>упадок</u> оказал сильное влияние на нашу повседневную жизнь.
3. <u>Концентрация</u> огромных богатств в руках нескольких людей может вызвать серьезные последствия, которые, по мнению социологов, нужно полностью ликвидировать.
4. Толя Попов <u>привнес</u> во все, что бы ни делала молодежь «Первомайки», дух ответственности, дисциплины, смелости.
5. Где бы он ни был, у него <u>в сознании</u> всегда жило воспоминание о той бедной деревне, в которой он родился и вырос.
6. Что <u>вызывает страшную конкуренцию</u> на рынке строительных материалов? Мне кажется, себестоимость все решает и от нее все зависит.
7. Мы встречали даже таких читателей, которые ставили эту комедию выше «Недоросля» Фовизина, <u>наравне с</u> «Ревизором» Гоголя.
8. Можно сказать, что на национальную идею существовал <u>заказ</u> не только «сверху», но и «снизу».
9. <u>Воплощение</u> всего хорошего, правдивого на земле — вот что я нашел в Андрее Соколове, герое рассказа М.Шолохова «Судьба человека».
10. Для участников опроса столица Москва — некий дефицитный, высокостатусный экономический, <u>культурный ресурс</u>.

УРОК 8

III. Передайте смысл следующих предложений из текста своими словами.

1. В девяностые годы прошлого века различия в уровне жизни разных слоев населения еще больше усилились.

2. Нам кажется, что сейчас в стране реально сложилась ситуация, когда можно вполне официально сформулировать национальную идею как идею патриотическую.

3. Они не сомневаются, что столица — мощный ресурс возможностей, не сомневаются и в том, что на него имеют право москвичи.

4. Подавляющее большинство москвичей отказываются считать, что миграция в Москву — явление положительное.

5. Лишь немногие увидели в притоке в Москву мигрантов и нечто положительное.

6. Почти половина опрошенных полностью поддержала лозунг «Россия — для русских».

7. Патриот — это человек, который любит свою Родину и готов умереть за березку, которая растет на ее необъятных просторах.

8. Выработать национальную идею не удалось по объективным причинам: ее нельзя придумать, спустить сверху.

9. Внутреннее напряжение москвичей в связи с этим обстоятельством проявилось в ответах студентов, особенно студентов самых престижных вузов.

10. Именно ксенофобия привнесла дополнительный смысл в отношение к мигрантам, сыграв важную роль в том, что молодые москвичи стали ощущать свою общность как носители особых, «элитарных» столичных ценностей.

IV. Дополните предложения вводными конструкциями или вводными предложениями. Используйте слова ПО МНЕНИЮ, СОГЛАСНО МНЕНИЮ, КАК ПОЛАГАЕТ(–ЮТ), СЧИТАЕТ (–ЮТ) и слова в скобках.

Образец:

Настоящий москвич — это уроженец города (москвичи).

По мнению москвичей, настоящий москвич — это уроженец города Москвы.

// *Как считают москвичи, настоящий москвич — это уроженец города Москвы.*

1. Жизнь в крупных городах лучше, чем в малых городах или в сельской местности (общее мнение).

2. Они являются носителями особых, «элитарных» столичных ценностей (молодые москвичи).

3. Право на столицу как мощный ресурс возможностей можно заслужить, и поступление в московский вуз — первый шаг к этому (приезжие).

4. Нерусский человек вообще не может быть москвичом (немалая часть опрошенных).

5. Люди могут приезжать в Москву, если они полезны и без них не удается обойтись (опрошенные).

6. Из-за приезжих москвичи становятся хуже, теряют доброту и терпимость (некоторые опрошенные).

7. Лозунг «Россия — для русских» является верным (почти половина опрошенных).

8. Ксенофобия растет, не встречая никакого отпора со стороны государства (автор статьи).

V. Прочитайте объявления из газеты «Работа в Москве» и скажите, каким образом вы должны вести себя во время собеседования по поводу приема на работу.

ПРИГЛАШАЕТСЯ

**МЕНЕДЖЕР
ПО РАБОТЕ С РЕГИОНАМИ**

Требование: мужчина от 23 до 30 лет, высшее образование (техническое)
Личные качества: коммуникабельный, трудолюбивый, ответственный
Функции: работа с представительствами в регионах, проведение переговоров

VI. Найдите в тексте заимствованные слова, составьте с ними предложения.

VII. Переведите текст на русский язык.

排外是个说奇怪也不奇怪的现象。非本地人有时会抱怨:"这个城市不是你家的,城市取得这么多成就,有多少是你们自己干出来的？"这话也有些道理。

其实,类似的排外情绪我们在很多地方都能感受到。一些城市在制定政策和法规时也明显认同了把人划分成本地人和外地人的做法,对这两种人实行两种不同的政策,最明显的就是孩子就学问题。这其中的原因是复杂的。

УРОК 8

VIII. Темы для дискуссии.

1. Различия жизни в крупном городе и глухой деревне
2. Дискриминация по региональному признаку
3. Уклонение от городской цивилизации
4. Деревня — рай для жителей города.

IX. Напишите сочинение на одну из следующих тем.

1. «Плюсы» и «минусы» жизни в Пекине
2. Мое понимание патриотизма
3. Опасна ксенофобия.

УРОК 9

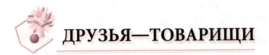

ДРУЗЬЯ—ТОВАРИЩИ

(Текст в сокращении)

Ирина Прусс

Русский язык единственный в мире обозначает приязненные отношения между людьми пятью словами. Английский обходится только одним словом — «friend».

И еще: в русском языке частотность употребления слова «друг» — 817 на миллион; в английском-американском — только 298, хотя у них и один «friend» на все про все. Много выше у нас и частотность абстрактного существительного «дружба».

Ясно, пишет известный лингвист Анна Вежбицка, что это одни из самых важных в русском лексиконе слов.

Ну какой же русский не знает, что «друг, подруга, товарищ, приятель, знакомый» — все это совершенно разные люди, разные отношения и спутать их никак нельзя! Они сопровождают нас всю нашу жизнь, и вместе со словами мы быстро осваиваем совершенно разные типы общения. Между прочим, полезно иногда посмотреть на свою «коммуникативную практику» чужими глазами: культурные сценарии, данные нам в языке, мы усваиваем вместе с ним совершенно неосознанно, и они становятся само собой разумеющимися, следовательно, неоспоримыми. А тут вдруг тебе демонстрирует все это богатство оттенков, которыми ты пользовался, но о которых вроде бы и не подозревал.

Лингвист, для которого русский язык не родной, сразу видит, например, что «подруга» — это вовсе не друг женского рода, а просто иное понятие. Женщина может быть другом, а может — подругой, то есть давно присутствовать в вашей жизни («школьная подруга», «подруга детства»), вместе с вами пережить многое из того, что происходило с вами на этом этапе, и потому ставшая для вас близким, ценным человеком, но все-таки не настолько близким и ценным, как друг.

УРОК 9

Друг — человек, с которым мы готовы поделиться самым сокровенным, на которого мы всегда можем рассчитывать в трудную минуту, в верности, преданности и близости которого мы всегда уверены. От подруги не требуется столь многого.

И друзья у нас, отмечает А. Вежбицка, как правило, — не отдельные разрозненные люди, которых объединяют только их особые отношения со мной; это сообщество, всегда готовое объединенными усилиями оказать необходимую помощь и поддержку любому из «своих».

«Приятель», пожалуй, наиболее близок к современному значению слова «friend» в английском языке: человек, которого вы хорошо знаете, к которому хорошо (но не слишком) относитесь, с которым вам приятно проводить время, общество которого доставляет вам удовольствие.

«Товарищ» — участник совместной деятельности: товарищ по работе, товарищ по университету, товарищ по камере, также товарищ по несчастью. Товарищей чаще всего не выбирают, их навязывает сама жизнь; в каком-то смысле это человек общей с вами судьбы и общих проблем. Связь с ним может оказаться столь тесной, что «товарищ» приблизится к «другу» — возникнет «друг—товарищ»; но этого может и не произойти.

Думаю, не стоит уточнять по Вежбицкой, что такое «знакомый», это и так понятно. Непонятно только, как это английский объединяет в одном слове друга и знакомого, пусть даже «доброго знакомого».

Что в русской культуре дружба и все, что с ней связано, занимает особое место, иностранцы заметили давно и без всякой лингвистики. Анна Вежбицка приводит обширную цитату из известной на Западе книги американца Хедрика Смита «Русские»:

«Их круг общения обычно более узок, нежели круг общения западных людей, особенно американцев, которые придают такое большое значение общественной жизни, но отношения между русскими обычно более интенсивны, требуют большего, оказываются более длительными и часто больше дают людям.

Я слышал о супружеской паре, отправленной на два года на Кубу; другая семья взяла их сына-подростка к себе в двухкомнатную квартиру, и без того переполненную. Когда поэтесса Бэлла Ахмадулина вышла замуж в третий раз, они с мужем оказались без гроша, и их друзья купили им целую обставленную квартиру. Стоит диссидентствующему интеллектуалу попасть в трудное положение — и истинные друзья преданно отправятся на выручку, невзирая на ужасающий политический риск.

Русские вступают в дружеские отношения с немногими, но этих немногих нежно любят. Западные люди находят насыщенность отношений, практикуемых русскими в своем доверительном кругу, и радующей, и утомительной. Когда русские до конца открывают душу, они ищут себе брата по духу, а не просто собеседника. Им нужен кто-то, кому они могли бы излить душу, с кем можно было бы поведать о своих семейных трудностях или о неладах с любовником или любовницей, чтобы облегчить жизненное бремя и не отказывать себе в удовольствии вести бесконечную философскую борьбу с ветряными мельницами. «Как журналист, я нахожу это несколько щекотливым, поскольку русские требуют от друга полной преданности».

«Ловить» эти различия интереснее всего именно на ключевых словах, обозначающих самое важное, ценное для носителей данной культуры. Одно из таких ключевых слов как раз «друг». Сравнивая его значение в английском, английском-американском, английском-австралийском, русском и польском, Анна Вежбицка и обнаружила те самые культурные расхождения, о которых мы говорили.

Все немного сложнее. Оказывается, в старых текстах англичан и американцев слово «friend» имело значение, очень близкое к значению русского слова «друг», хоть оно и было одно. Но за последние полтора-два столетия это значение принципиально изменилось, что свидетельствует о серьезном сдвиге в культуре.

В целом значение слова «friend» стало более «слабым», так что для того чтобы ему обрести нечто вроде прежней «силы», теперь приходится использовать выражение «close friend» (близкий друг). Кое-что от прежнего значения слова «friend» сохранилось в производном существительном «friendship» (дружба): в современном употреблении у человека может быть гораздо больше друзей (friends), нежели дружб (friendships), и только о «близких друзьях» (close friends) можно теперь сказать, что они связаны отношениями «дружбы» (friendship).

Как и в русской культуре, прежде от друга ждали помощи в беде, верности, преданности, доверительных отношений. У американцев даже пословицы и поговорки на эту тему были такие же, как у нас. «A friend is never known till a man has need» (Друга не узнаешь, пока не попал в беду) — это пословица, предъявленная читателям Джоном Кейвудом в 1541 году, то есть к тому времени ставшая вполне общим местом. «A friend is not known but in need» (Друга узнаешь только в беде), вторит ему Джордж Меритон в 1683 году. От противного о том же самом — поговорки «fair weather friend» (друг только на время хорошей погоды), summer friend (летний — ненадежный — друг) и так далее.

Современное американское представление о друге требует от него гораздо меньшего; это скорее человек, с которым (а не для которого) хочется делать что-нибудь хорошее. Другими словами, это человек не для любви (которая до сих пор предполагает обязательным и верность, и готовность помочь вплоть до самопожертвования), а для удовольствия, для приятного совместного досуга. Таких людей может быть много, возможно, они занимают 50 процентов из общего количества ваших друзей. И вряд ли вы захотите сегодня делиться с каждым из пятидесяти самыми сокровенными и важными мыслями. Поговорить с каждым отдельно? Или устроить что-то вроде партийного собрания?

Особенно смена культурных установок видна в том, как теперь принято приобретать друзей. Их не выбирают долго и тщательно, как-то советовали люди старших поколений своим детям и внукам; их заводят как можно быстрее, как можно больше, их «делают» («to make friends» — как в любом «процессе производства», чем больше, тем лучше, иронизирует Вежбицка). А это как раз уже новая культурная ценность: надо быть популярным, нравиться многим.

Предмет нашей гордости, доказательство нашей духовности — может быть, это всего лишь свидетельство нашей отсталости? Примерно так и считает Анна Вежбицка: подобный сдвиг в отношениях между людьми происходит не только в англосаксонских культурах, просто Америка дальше других продвинулась на этом пути.

Это плата за прогресс: развиваясь, мы теряем многое из того, что так дорого нам сегодня. И со временем мы будем так же умиляться, восторгаться открытостью, гостеприимством, глубиной и насыщенностью отношений между людьми в культурах, идущих за нами.

Сам материал, приводимый Вежбицкой, кажется, сопротивляется простенькой схеме строго стадиального развития и однозначно понимаемого прогресса. Особенно это видно на истории с австралийским «mate», в австралийском понимании это «mate» употребляется в значении «коллективизм», который не включает в себя женского пола.

Вроде бы давно всеми проговорено, что коллективизм — вещь, несомненно, хорошая, но почему-то свойственная, в основном, более или менее отсталым обществам. Собственно, из роевой патриархальной жизни он и был взят, малость подновлен, одухотворен, насыщен новой лексикой и двинут в коммунистическую идеологию, в рабочее движение. При этом намеренно были спутаны и связаны в один узел вещи практически противоположные: дружба, то есть интимные отношения между двумя-тремя личностями, и коллективизм, в котором личность растворялась и за это награждалась безответственностью, а ежели не поддавалась

растворению, то изгонялась.

Так вот, Вежбицка считает, что в отношениях между людьми для австралийцев ключевое и самое ценное понятие — «mate», что-то вроде нашего мужского товарищества, но устроенного на иных принципах. Оно стало для них таким важным во времена и в условиях освоения континента, когда взаимная поддержка была необходима для выживания. Это была тяжелая и опасная, исключительно мужская работа — и «mate» до сих пор вообще не включает женщин. «My mate» всегда мужчина. Женщина может быть моей девчонкой, моей птичкой, моей хорошей, моей женой, но она никогда не бывает «my mate», — объяснял австралиец одному этнологу в шестидесятые годы прошлого века.

Для русского глаза и уха непривычны основы этого мужского братства: равенство всех его членов, безоговорочная и полная поддержка (mate не может быть не прав, даже если он не прав, даже если перед законом), готовность к мгновенному объединению для помощи. Все это похоже на какой-то религиозный орден с довольно жестким уставом.

Вот что можно, в принципе, вырастить на основе того же «коллективизма». Интересно, что американцы не породили подобной культуры, хотя тоже в свое время осваивали дикие земли, и это тоже было тяжкой и опасной работой — а вот, поди ж ты, мужское братство стало специфической особенностью именно австралийской, но не американской культуры. Может, в американской практике было почему-то больше востребовано индивидуальное мужество, а может, по другим причинам сложилось именно так, а не иначе.

Итак, русский ребенок приходит в мир, населенный друзьями и подругами, товарищами по работе и по несчастью, добрыми и не очень добрыми знакомыми. У маленького американца кругом одни «friends», с которыми так хорошо проводить время. Маленького австралийца со временем папа похвалит: ты настоящий «mate», и тот преисполнится гордости, навсегда усвоив, как это важно и ценно. И каждый из нас будет в своей жизни реализовывать свой культурный сценарий, а потом, вместе с языком, передаст его своим детям.

Может быть, самое обидное тут — отсутствие выбора. Никто нас не спрашивает, насколько тонко и точно хотим мы различать друга, приятеля и знакомого: они нам или даны в языке с самого начала, или нет. И ведь так во всем, кроме небольшого набора универсалий, одинаковых в любом языке.

Правда, как мы видели, сценарии меняются со временем, но эти изменения медлительны, как правило, не укладываются в рамки отдельной человеческой жизни, и потому носитель языка их с трудом различает.

УРОК 9

Если он не ученый-лингвист и культуролог.

Пояснения к тексту

1. **Диссидентствующий** — находящийся в оппозиции к государству, не согласный с политикой, официальными установками государства.
2. **Особенно это видно на истории с австралийским «mate»...** Это видно на примере особого слова-понятия mate в австралийском диалекте.
3. **Поди ж ты** — удивительно, на удивление, странно.

Задания

I. Дайте развернутые ответы на вопросы по тексту.

1. Какие два доказательства особой важности слова–понятия «друг» для русских приводит Анна Вежбицка?
2. Чем подруга отличается от друга?
3. Какое русское слово наиболее близко к английскому «friend»?
4. Каково различие между другом и товарищем?
5. Как американец Х. Смит оценивает дружеские отношения русских? Легко ли, по его мнению, быть настоящим другом «по-русски»?
6. Как изменилось значение слова «friend» (каким оно было в старинных текстах, каково современное представление о друге)?
7. Сейчас, как пишется в тексте, друзей «не выбирают долго и тщательно, ... их заводят как можно быстрее, как можно больше, их «делают» («to make friends» — как в любом «процессе производства», чем больше, тем лучше»). Каково ваше отношение к данному современному процессу во взаимоотношениях людей?
8. Как вы заводите друзей: выбираете долго и тщательно, как советовали люди старших поколений своим детям и внукам, или заводите их как можно быстрее, как можно больше, т. е. «to make friends»? Почему?
9. Каковы особенности значения и употребления слова «mate» из австралийского диалекта?

II. Подготовьте развернутые высказывания по следующим вопросам.

1. Имеет ли пределы количество друзей, или у одного человека может быть очень много друзей?
2. Может ли эгоист быть другом? Могут ли дружить люди, противоположные по характеру?
3. Как вы понимаете русскую пословицу «Дружба дружбой, а служба службой»? Какие еще пословицы о дружбе (русские и китайские) вы знаете?
4. Может ли дружба преодолеть неравенство (могут ли дружить миллионер и нищий, академик и рабочий)? Аргументируйте свое мнение.
5. Чего лично вы ждете от дружбы?
6. Что вы знаете о национальных особенностях дружбы?
7. Каковы неписаные правила дружбы? Что должен и чего не должен делать настоящий друг?
8. Возможна ли настоящая дружба между мужчиной и женщиной? Почему?

III. Прочитайте стихотворение А. С. Пушкина. Объясните значение слова «друг» в этом стихотворении и определите отношение поэта к друзьям, пользуясь словарями и справочной литературой.

19 ОКТЯБРЯ 1827

Бог помочь вам, друзья мои,
В заботах жизни, царской службы,
И на пирах разгульной дружбы,
И в сладких таинствах любви!
Бог помочь вам, друзья мои,
И в бурях, и в житейском горе,
В краю чужом, в пустынном море,
И в мрачных пропастях земли!

Примечания:

1. *Помочь (устар.) — помощь*
2. *«Мрачные пропасти земли» — сибирские рудники. Декабристы, среди которых были друзья поэта, были сосланы на каторгу в Сибирь.*

IV. Прочитайте текст «Друзья—товарищи» и выразите свои взгляды на понимание слова «друг» в следующих предложениях.

1. Жизнь без друга что суп без соли.

УРОК 9

2. Истинные друзья познаются не только в беде, но и в счастье.

3. Китайцы по-другому понимают слово «друг».

4. Люди не могут быть удачливыми без поддержки друзей.

5. Различия в значении «朋友», «Friend» и «Друг».

V. Переведите текст на русский язык.

朋友一词,时常闻诸于生活中我们每个人的耳边。我们也相信每个人都会有自己的朋友。

可是,我们却很少能交到一些真正的朋友。

其实,朋友只是互相帮助,而不是互相需要。

也许平安无事的时候,每个人都会照顾好自己的生活,朋友自然也就多。可是,当我们的生活中出了一点小问题甚至是大问题的时候,我们那些"哥们或者姐们"会是怎样表现呢?这时候,我们有些朋友也许会从自己的生活还没有出现类似问题这个角度出发,对我们的事情采取视而不见的态度,但我们并不能因此说他们不是朋友。也许这些朋友翻译成俄语可能是приятели,而不是друзья而已。人不喜欢改变自己的生活。这是人类的一种惰性,而且是无法改变的一种惰性。月有阴晴圆缺,人也有悲欢离合。每个人都会有自己的得意和失意之时。朋友是人生的一笔财富,他们能在我们失意之时,给予我们物质上或者精神上的支持。

我们常常在失意之时呼唤真正朋友的出现,可是,当我们的朋友们处于困境之中,我们却忘记伸出自己的双手,或是道一声简单的问候。很多时候,我们埋怨朋友,而不去反省自己的所作所为,恰恰是我们自己伤了朋友的心。

挚友使我们的人生多了一些关爱和温情。

朋友,是完整人生不可或缺的一部分。

VI. Напишите сочинение на тему «Мой близкий друг», используя по возможности данные слова и выражения.

Разница между «русским другом» и «американским friend»

делиться/поделиться самым сокровенным с кем-н.

уверенный в преданности и верности кого-н.

насыщенность отношений

открывать/открыть душу кому-н.

попасть в беду

представление о друге

устраиваться/устроиться на принципах чего

непривычный для русского глаза и уха

УРОК 10

ЧЕЛОВЕЧЕСКАЯ ЛИЧНОСТЬ

(фрагмент)

Эрик Берн

Знакомые

Знакомые полны потенциальных возможностей. Именно среди них вы выбираете более серьезные отношения, те, что будут продолжаться и дадут вам нечто. Каждый знакомый представляет собой возможного друга или врага, и вам следует выбирать и тех и других осторожно. Чем больше у вас знакомых, тем больше у вас выбора, поэтому я советовал бы говорить «Привет» каждому. Знакомство является статичным отношением, которое может оставаться одним и тем же год за годом. Чтобы пойти дальше, кто-то должен сделать первое движение, а другой человек должен его принять.

Знакомые — это люди, взаимодействующие между собой через социальные ритуалы. Такие ритуалы имеют собственную ценность. Они являются одним из способов словесного оглаживания и имеют такой же эффект, что и телесные поглаживания для ребенка. Когда кто-то говорит «Привет» или «Как поживаешь?» или «Что нового?» или «Вам не холодно?», — он повышает тонус ваших мышц, освежает ваш мозг, успокаивает ваше сердце и улучшает ваше пищеварение. За это вы должны быть ему благодарны, и в ответ он ждет от вас того же. Если вы в мрачном настроении и отказываетесь принять предложенные вам выгоды, то вы оба пострадаете. Вы станете еще более угрюмым, а его желудок расстроится и даст отрицательное впечатление его мыслям, которые останутся в мозгу до тех пор, пока он не встретит кого-нибудь более обходительного и умеющего оценить его приветствие.

Вещи, которые знакомые говорят друг другу в течение дня, при этом осторожно избегая вторжения в личную жизнь друг друга, не исходят ни от Родителя, ни от Взрослого, ни от Ребенка. Родитель, Ребенок и Взрослый — это разные стороны личности. Они исходят от Маски или Щита, которые каждый человек помещает между собой и окружающими людьми, и которые некоторые психиатры называют персона. Персона — это способ представлять себя и лучше всего описывается прилагательными: резкий, общительный, приятный, находчивый, деятельный, высокомерный или вежливый. С каждым из этих слов связан различный способ произносить «Привет» или проводить время дня. Персона формируется между шестью и двенадцатью годами, когда большая часть детей впервые самостоятельно сталкивается с жизнью и входит во взаимодействие с людьми из окружающего мира, которых не могут выбрать ни они, ни их родители. Каждый ребенок вскоре замечает, что он нуждается в способе избегать нежелательных затруднительных ситуаций и содействовать желательным в этом мире, поэтому он выбирает свой собственный способ представлять себя миру. Обычно он пытается быть обаятельным и вежливым и выглядеть внимательным и уступчивым. Он может сохранить свою раннюю персону на всю оставшуюся жизнь. Таким образом, персона представляет собой, в действительности, Детское эго-состояние, претерпевшее Родительскую тренировку и приспособленное Взрослым благоразумием к Людям, окружающим его. Главное требование к персоне — это чтобы она работала. Если она не работает, человек либо длительно низводится в состоянии тревоги, когда он среди людей, из-за страха, что его персона лопнет, либо он начинает избегать людей и обходиться одиночеством.

Персона действительно специальное эго-состояние: состояние десятилетнего Ребенка, пытающегося проложить свой путь среди незнакомцев, поэтому ее можно подогнать под структурную диаграмму, определив, что это специальный аспект Детского эго-состояния.

Уважение

Следующий вид отношений, который мы затронем, называется уважение. Это еще одно отношение на уровне Взрослый-Взрослый, и оно основано на прямом разговоре и на выполнении семейных, профессиональных и социальных контрактов без оправданий, уверток или частных оговорок. Прямой разговор возможен благодаря надежности, а выполнение контрактов идет от взаимных обязательств. Надежность и обязательства вместе добавляются к доверию, и доверие — это то, что возбуждает уважение — это нечто, что начинается очень рано в детстве, если оно вообще когда-нибудь начинается.

Ребенок, как мы уже сказали, является во многих отношениях лучшей частью личности. Это полная энтузиазма, творческая, спонтанная часть личности, часть, которая делает женщин очаровательными, а мужчин остроумными и веселыми. Это также часть, которая получает удовольствие от природы и людей. К несчастью, для того, чтобы он мог жить в мире, необходимо, чтобы Ребенок был обуздан и испорчен Родительскими и Взрослыми влияниями. Например: он должен научиться не разбрасывать с энтузиазмом еду по всему столу и не мочиться творчески на людях, он должен также научиться не пересекать улицу спонтанно, а посмотреть вокруг, прежде чем он это сделает. Если слишком много ограничений ведут к замешательству, тогда Ребенок становится совсем неспособным нравиться себе вообще.

Одно из самых ценных качеств Ребенка — это его проницательность. Выживание Ребенка, однако, зависит от людей, поэтому он озабочен ими главным образом: кому он может доверять, за кем он наблюдает, кто будет с ним хорош, а кто собирается ударить или пренебречь им. Дети понимают людей много лучше, чем взрослые, включая хорошо тренированных взрослых, которые изучают человеческое поведение. Эти профессионалы лишь выучивают заново нечто, что они некогда знали, но независимо от того, как старательно они учатся, они никогда не становятся такими же хорошими психиатрами или психологами, какими они были во время своего раннего детства.

Причиной этого является то, что большинство родителей побуждают детей не быть чересчур чуткими и не смотреть на людей прямо, чтобы понять, что они собираются делать, потому что это считается грубым. От них ждут, чтобы они составляли мнение о людях с помощью своих Взрослых вместо прочувствования их с помощью Ребенка. Большинство детей, включая тех, кто намеревается быть психиатрами и психологами, следуют этим инструкциям, а затем проводят пять или десять лет в колледже и иногда следующие пять в терапевтических группах или у психоаналитика, все для того, чтобы получить обратно 50 процентов той способности оценивать людей, которую они имели в возрасте четырех лет.

Но ребенок по-прежнему здесь, хотя он может говорить не достаточно громко и ясно, и это именно он, кто решает лучше всего, достоин или нет кто-то доверия. Доверие идет от Ребенка, уважение от Взрослого с разрешения Ребенка. Уважение означает, что Ребенок наблюдает кого-то и решает, что он достоин доверия. Ребенок тогда говорит Взрослому: «Вперед. Ты можешь доверять ему. Я буду наблюдать за ситуацией и заново ее время от времени оценивать». Взрослый тогда переводит это в отношение уважения и ведет себя соответственно. Иногда, однако, вмешивается Родитель. Ребенок и Взрослый могут оба быть готовы идти вперед, и тут Родитель вносит предубежденное возражение: «Как ты можешь

УРОК 10

доверять человеку с длинными волосами?» или «Как ты можешь доверять толстой женщине?». Для Ребенка, конечно, длинные волосы или толщина не имеют ничего общего с тем, достоин человек доверия или нет, он гораздо охотнее будет с длинноволосым мужчиной или толстой женщиной, которые любят его, чем с коротковолосым мужчиной или тонкой женщиной, которые не любят. Ничто так не нарушает интуицию Ребенка, как Родительские предрассудки.

Первая ситуация доверия возникает между младенцем и его матерью, когда ее надежность и обязательность проверяются в кормлении его. Его выживание зависит от этого, и его отношение к жизни и людям зависит от того, как это осуществляется.

Если его кормят по требованию, он подает сигнал своим голодным криком. Если она приходит, когда он зовет, она надежна. Если она приносит молоко немногим позже, она обязательна. Но если она медлит прежде чем прийти, и оставляет его одного с едой, он никогда не научается доверять ей. Это не есть недоверие, которое представляет собой обманутое доверие, это отсутствие доверия, отсутствие чего-то, чего никогда не было.

Если его кормят по расписанию, например, каждые четыре часа, ситуация отличается. Большинство младенцев, по-видимому, имеют биологические часы, возможно, те же самые, что некоторые взрослые используют, когда они решают встать в 7:15 и просыпаются точно в 7:15. Ребенок заводит свои часы на четыре часа и ждет, что мать будет тут как тут, когда раздастся сигнал, и покормит его вскоре после этого. Если она делает и то, и другое, он доверяет ей. Если она не делает ни того, ни другого, — не доверяет.

Теперь один домашний пример. Надежный муж — это тот, кто говорит вам без исключения о всяком деле, которое он имеет, независимо от того, насколько плохим оно является. Обязательный супруг тот, кто дает уверенность, что любое его дело является хорошим, даже если он не сообщает о нем. Достойный доверия и уважения муж именно тот, кто не имеет дел, если обещал не иметь их во время свадебной церемонии, поскольку, если бы он собирался их иметь, то он предупредил бы.

Действительно, трансакции, которые выражают уважение между двумя людьми, являются трансакциями на уровне Взрослый-Взрослый, но они имеют другое качество. Они не осуществляются через предмет как в случае сослуживцев, но глаза в глаза и между мужчиной и женщиной, с полной уверенностью в надежности и обязательности другого, если только или до тех пор, пока не подтверждается противоположное.

Пояснения к тексту

1. **Именно среди них вы выбираете свои более серьезные отношения, те, что будут продолжаться и дадут вам нечто.** В данном предложении «что» в именительном и винительном падежах соответствует слову который. Например: Мне припомнилась нынче собака, что была моей юности друг (которая была моей юности друг).

2. **Знакомство является статичным отношением, которое может оставаться одним и тем же год за годом.** Знакомство представляет собой стабильное отношение, которое может продолжаться много лет. Статичный значит «стабильный», антоним — «динамичный».

3. **Персона** — от лат. слова persona, в тексте «персона» употр. в значении «личность», термин психоанализа.

4. **Эго** — термин в психоаналитических работах З. Фрейда, который делил элементы сознания персоны на Ид, Эго и Суперэго. В основе Эго, как и в основе Ид, лежит Либидо.

5. **Спонтанно** — от прилаг. «спонтанный», в знач. «самопроизвольно». Пересекать улицу спонтанно — пересекать улицу, не обращая внимание на транспорт, на правила.

Задания

I. Дайте развернутые ответы на вопросы по тексту.

1. Выразите ваш взгляд на утверждение «Знакомые полны потенциальных возможностей».
2. Почему, по мнению автора, человек должен приветствовать каждого своего знакомого?
3. Почему дети понимают людей много лучше, чем взрослые, включая хорошо подготовленных психологически взрослых, которые изучают человеческое поведение?
4. Когда и как формируется персона? Может ли персона меняться в течение жизни?

УРОК 10

5. Какой вид отношений автор называет уважением и на чем оно основано?
6. Почему автор называет Ребенка во многом лучшей частью личности? Может ли нормально существовать в мире личность-Ребенок? Почему?
7. Каковы различия Ребенка и Взрослого, по мнению автора?
8. В чем заключается важность друзей в современности?
9. Могут ли люди жить без Маски? Почему?
10. Почему во многих местах текста слово «Ребенок» пишется с большой буквы?
11. Что подразумевает проницательность Ребенка? Почему такая проницательность теряется со временем?

II. Переведите следующие предложения, обращая внимание на различия в значении выделенных слов.

1. Теперь большинство наших городов не имеют своего лица, везде и всюду однообразные здания и улицы, что производят очень смешное впечатление.
2. Отдельные лица отрицают ваши успехи, говоря, что вы пока не в состоянии это сделать.
3. В комнату вошла какая-то мрачная физиономия.
4. Вдруг, по моей петербургской физиономии и по костюму, весь город принял меня за генерал-губернатора.
5. Таков был... тот круг, среди которого рос гений Пушкина, формировались личности истинно передовых людей тогдашней России.
6. Мимо меня прошла подозрительная личность.
7. Эта молодая и красивая девушка скоро будет защищать свою докторскую диссертацию. Вот это человек!
8. Персона формируется между шестью и двенадцатью годами, когда большая часть детей впервые самостоятельно сталкивается с жизнью и входит во взаимодействие с людьми из окружающего мира, которых не могут выбрать ни они, ни их родители.

III. Данные выражения стилистически нейтральны. Найдите в тексте предложения, соответствующие им. Определите, какова стилистическая окраска предложений в тексте, какими средствами она формируется

1. Знакомые — это люди, которых знаешь, с которыми знаком.
2. Нам приятно, когда на нас обращают внимание: здороваются, прощаются, спрашивают, как дела.
3. Если уважаешь человека, то говоришь с ним прямо и выполняешь все, что

должен или что обещал ему выполнить.

4. Когда ребенок голоден, он кричит.

5. Взрослые люди должны относиться к другим с уважением.

IV. Докончите предложения.

1. Друзья — это люди, которые...

2. Когда люди говорят вам «Как поживаешь», в ответ вы...

3. Вы станете угрюмым, если...

4. Я всячески избегаю вторжения в личную жизнь друзей, но, к великому сожалению, они...

5. По моему мнению, детское эго-состояние...

6. Каждый нормальный человек замечает, что он нуждается в способе избегать нежелательных затруднительных ситуаций, при которых...

7. Трудно себе представить, что Ребенок является во многих отношениях лучшей частью личности. Формирование детской персоны объясняется тем, что...

8. Мне кажется, что одно из ценных качеств Ребенка — это его...

V. Прочитайте текст и выполните задания.

Развитие творческой личности ребенка на уроке музыки

①Желание высказать свои мысли и чувства не может появиться у ребят, если нет интереса к уроку и к музыке вообще. Учитель должен создать атмосферу доверия, доброжелательности, ведь беседы и дискуссии по инициативе самих ребят возникают на уроках тогда, когда у них пробуждается желание высказаться, когда они чувствуют необходимость общения с учителем.

Как заразить учеников собственным творчеством? Все дело в атмосфере урока. Не в моих навыках — в вокальных, пианистических, дирижерских, а в умении ладить с ребятами, уважать в них творческую личность, помочь раскрыть себя, даже в умении слушать их, улыбаться им и прощаться с ними в конце урока или учебного года.

②Хочу подчеркнуть мысль об атмосфере урока и тех методах, которые помогают планомерно и постепенно ввести ребенка в музыку, приобщить к ней. Методы активизации, назовем их так, могут быть самыми различными — главное — будить детское внимание и воображение, способствовать зарождению любви к музыке и ее пониманию.

Вызываемая учителем активность класса может служить одним из

УРОК 10

важнейших критериев его педагогического мастерства. Активность эта, конечно, не исчерпывается количеством, быстротой и даже содержательностью ответов на поставленный вопрос. Все формы музыкальных занятий в школе должны способствовать творческому развитию учащихся, т. е. вырабатывать в них стремление к самостоятельному мышлению, к проявлению собственной инициативы, стремление сделать что-то свое, новое, лучшее.

Для предмета «Музыка» общение — одно из центральных понятий. Это прежде всего взаимодействие учителя и учеников, имеющее особую эмоционально-содержательную окраску. ③<u>Общение на уроке музыки можно определить и как совместную творческую деятельность учащихся и учителя, направленную на раскрытие жизненного содержания музыки, опыта нравственных отношений, заложенного в ней.</u>

Многообразная палитра взаимоотношений предстает на уроке: между музыкой, учителем и учениками; между учителем и учениками; между детьми в коллективных формах деятельности. Но все это многообразие емко и образно выражено в словах Астафьева о том, что музыка «заключается и существует в единстве и соотношении творчества, исполнительства и слушательства через восприятие».

Большое внимание я уделяю слову о музыке, т. к. значение словесного метода в музыкальном воспитании очень велико. Слово о музыке должно быть ярким, образным, но предельно точным, направленным на творческую фантазию ребенка.

Прослушана музыка, задан вопрос — и нет ответа. Я не тороплюсь с подсказкой. ④<u>Опираясь на музыкальный и жизненный опыт детей, я вместе с ними ищу художественно-образные связи содержания данного произведения с живописью, литературой, природой, жизнью.</u> Дети прочувствуют, осознают и ответят. Более того, учитывая специфику урока музыки, я использую не только вопрос как традиционную форму общения, а высказывание-раздумье, высказывание-проблему, высказывание-отношение. Некоторых учеников трудно привлечь к общему разговору на уроке. ⑤<u>Самолюбие, порой болезненно проявляющееся в подростковом возрасте, сковывает таких ребят, они стесняются выражать свои мысли, боясь выглядеть неловкими и смешными.</u> Я отношусь к ним с особым вниманием, терпением, поощряя их попытки высказаться о музыке.

Важно понимать природу коллективного размышления детей о прослушанной музыке, учитывать закономерности общения в создании

коллективного отношения к музыке. Размышления детей на уроке музыки — это деятельность, вытекающая из художественного общения с музыкой и продлевающая его.

⑥ <u>Художественная и педагогическая ценность вопроса заключается в возможности дать на него разные правильные ответы, в его многоплановости и творческой основе.</u> И тогда творчество проявляется в ребятах уже с первого класса в своеобразии ответов. Размышляя о характере песни «Сурок» Л. Бетховена, дети отвечают: «Грустная, нежная, спокойная, тихая, медленная, ласковая, красивая», «Это очень печальная песня», «Мне жаль бедного одинокого шарманщика». Все дети находятся под воздействием звучащей музыки: они вместе творят, воссоздают ее образ, раскрывая свое отношение. При этом замечательно, если коллективное размышление будут «собирать» сами дети, т. е. не учитель объединит то, что они сказали, а кто-то из учеников. Преобладание коллективных форм работы на уроке музыки создает объективные предпосылки для глубокого всестороннего личностного общения детей, взаимовлияния их друг на друга. Вот почему необходимо чувствовать, понимать и сохранять индивидуальность, неповторимость каждого ребенка.

Для меня важно не только содержание, но и интонации речи ученика. ⑦<u>Речевая интонация, тесно связанная с проявлениями психической жизни ребенка, дает возможность услышать много интересного</u>. Уже в самой эмоциональной окрашенности речи — восхищении, радости, равнодушии, раздраженности выражается отношение ребенка к музыке, к нравственной проблеме. Очень важно наблюдать за развитием образности и интонационной выразительности речи ученика на уроке. Это один из обширнейших источников познания творческой деятельности детей.

Но я не свожу общение только к речевой деятельности. ⑧<u>Бывает в классе такая тишина, которую больше всяких слов «скажет» о том, что общение состоялось.</u> Дети не просто молчат, они остаются «жить» в прозвучавшей музыке. ⑨<u>Так же как пауза — это не перерыв в музыке, так и молчание класса — не перерыв в восприятии, а продолжение работы чувств и мыслей детей.</u> Такая пауза чрезвычайно важна на уроке. Поэтому я не могла нарушить такую тишину после звучания органной фуги И. С. Баха в шестом классе. Однажды я наблюдала, как, словно завороженные, шестиклассники сидели, слушая при свечах «Реквием» В.А. Моцарта. Думаю, что это не забудется, останется на долгие годы в их душе как нечто невыразимо прекрасное.

Еще одна форма свободного творческого проявления личности ребенка,

УРОК 10

его интересов и склонностей присутствует на моих уроках. Это ведение «Дневника музыкальных впечатлений», где дети отражают свои размышления. Дети его заводят с третьего класса. В начале чувствуется скованность и ограниченность мыслей, но, чтобы помочь ребятам, я даю им план, в котором есть вопросы об авторе произведения, о содержании музыки и об исполнении. Также я даю возможность проявить себя в творческой работе не только на уроке, но и дома. Домашние задания способствуют появлению интереса к урокам музыки. ⑩Дети очень любят выражать свои впечатления от музыки в рисунках, стихах, рассказах. Вспомните слова Б.Окуджавы:

Каждый пишет, как он слышит,

Каждый слышит, как он дышит,

Как он дышит, так и пишет,

Не стараясь угодить.

Именно так происходит процесс творчества. И как бывает неожиданно и трогательно для восьмиклассников на их последнем уроке, когда я показываю сохранившиеся у меня их творческие работы: эскизы костюмов героев балета И. Стравинского «Петрушка», рисунки, в которых дети запечатлели «Рассвет на Москве-реке», «Тачанку», «Монтера», «Перепелочку». Сколько эмоций!

Невозможно исчерпывающе осветить все грани проблемы общения на уроках музыки. Главное — задуматься над проблемами художественного процесса общения совместной музыкально-творческой деятельности учителя и учеников. Совместная музыкально-творческая деятельность учителя и ученика — вот стержень, определяю-щий содержание общения на уроке. Обучающие, развивающие и воспитательные задачи урока должны быть неразрывно связаны в едином процессе музыкально-творческого общения. ⑪ Как удивительно прекрасен класс, когда я играю «Скворушка прощается» Т. Попатенко, а дети начинают потихонечку подпевать, кто-то начинает плавно двигаться, раскачиваться, кто-то задумчиво смотрит вдаль... Или, когда слушая тему Кошки из сказки С. Прокофьева «Петя и Волк», весь класс «живет» в музыке и каждый ребенок сопереживает по-своему: кто-то отстукивает пальцами ритмический рисунок мелодии, кто-то движением выразительно передает упругую гибкую мелодию. И начинается творчество детей в определении характера-образа прозвучавшей музыки: «Хищный хитрый зверек»; «Осторожный — это кот»; «У кошечки мягкие лапки, она осторожно крадется».

Одним из методологических положений программы является определение единой целостной музыкально-творческой деятельности как раскрытия жизненного содержания музыки, осуществляемой в разнообразных формах общения с искусством.

А. Переведите выделенные предложения на китайский язык.

Б. Коротко изложите основное содержание текста от третьего лица.

В. Выберите подходящий по смыслу вариант и отметьте его.

① Свободные беседы и дискуссии возникают на уроке только в том случае, когда...

   А. ученики чувствуют необходимость высказать свое мнение.

   Б. ученики больше не хотят слушать учителя.

   В. учитель перестает говорить.

② Чтобы заразить учеников собственным творчеством, нужно...

   А. высокое мастерство учителя.

   Б. уважать творческую личность в них и замечать их ценность.

   В. наладить хороший контакт с ними и делать им подарки.

③ Общение необходимо на уроке музыки потому, что...

   А. оно определяет совместную творческую деятельность учащихся и учителя.

   Б. оно вводит учеников в свободную атмосферу дискуссии.

   В. без него не может быть и речи об изучении музыки.

④ Судя по сказанному автором, мы пришли к выводу, что...

   А. обучение музыке требует от учителя высоких профессиональных навыков.

   Б. учитель с блеском наладит дело с музыкальным обучением, если он овладеет секретами общения.

   В. обучение учеников музыке — это невозможное дело, потому что личность учеников еще не сформирована.